문학으로
역사 읽기,
역사로
문학 읽기

문학으로 역사 읽기, 역사로 문학 읽기

2009년 12월 21일 1판 1쇄
2022년 9월 30일 1판 12쇄

지은이 주경철

편집 정은숙, 서상일 **디자인** 이혜연
제작 박홍기 **마케팅** 이병규, 양현범, 이장열 **홍보** 조민희, 강효원
출력 블루엔 **인쇄** 코리아피앤피 **제본** J&D바인텍

펴낸이 강맑실 **펴낸곳** (주)사계절출판사 **등록** 제406-2003-034호
주소 (우)10881 경기도 파주시 회동길 252
전화 031)955-8558, 8588 **전송** 마케팅부 031)955-8595 편집부 031)955-8596
홈페이지 www.sakyejul.net **전자우편** skj@sakyejul.com
블로그 blog.naver.com/skjmail **트위터** twitter.com/sakyejul **페이스북** facebook.com/sakyejul

ⓒ 주경철, 2009

값은 뒤표지에 적혀 있습니다. 잘못 만든 책은 서점에서 바꾸어 드립니다.
사계절출판사는 성장의 의미를 생각합니다. 사계절출판사는 독자 여러분의 의견에 늘 귀 기울이고 있습니다.
이 책은 저작권법에 따라 보호받는 저작물이므로 무단전재와 무단복제를 금합니다.

ISBN 978-89-5828-432-1 03900

문학으로
역사 읽기,
역사로
문학 읽기

주경철 지음

사계절

문학과 역사가 만나는 자리

　　이 책에 실린 글들은 교실에서 학생들과 나눈 대화에서 비롯되었다. 명색은 역사 수업이었지만 나는 학생들과 소설이나 희곡, 영화와 만화를 소재로 즐겨 토론했다. 역사란 사람들이 살아가며 남긴 흔적을 되짚어 보면서 인간과 사회를 이해하는 것일진대, 사실 그 말은 거의 그대로 문학에도 적용되는 바이리라. 다만 역사학에는 대체로 존중되는 학풍이 있어서 다소 꼼꼼하고 딱딱한 면이 강한 데 비해 문학은 상대적으로 자유롭고 생생하다는 느낌을 가지고 있다(어쩌면 문학을 공부하는 사람은 다르게 표현할지 모르겠다).

　　그렇다면 역사를 공부하는 자리에 문학 텍스트를 같이 놓고 공부하면 지난 시대의 전체 상을 조망하면서 동시에 그 시대를 살아간 사람들의 내면까지 촘촘하게 파악할 수 있지 않을까? 이런 소박한 마음으로 학생들과 함께 고대 그리스의 이솝 우화에서부터 현대 중국의 소설까지 읽고 토론했다. 교실에서 시작된 이야기는 때로 '시골집'을 거쳐 '블루 트레인'(아프리카를 종단하는 고급 관광 열차)까지 이어져서, 역사와 문학 이야기는 젊은 영혼들의 내면 풍경과 뒤섞이곤 했다. 선생인 나로서는 그와 같은 자유로움, 다채로운 개성의 분출을 즐긴 편이지만, 이 역시 학생들은 조금 다르게 기억할지도 모를 일이다.

그렇게 나눈 이야기들이 향기처럼 그대로 날아가 버린들 사실 하나도 아쉬울 것은 없다. 이미 그 자체로 삶의 큰 기쁨이었기 때문이다. 그 지나간 이야기들을 좀 더 차분하게 다시 정리해서 글로 옮길 기회가 주어진 것은 실로 가외의 행운이라 하지 않을 수 없다. 이 글들이 주로 청소년과 청년 독자들에게 가 닿으리라 기대해 본다. 워낙 사람들을 팍팍하게 몰아치는 시대에 살고 있는지라, 선남선녀 독자들께서 잠시 한숨 돌리면서 다른 시대 다른 사람들이 느낀 사랑과 고통, 들뜬 희망과 안타까움을 느껴 보는 기회가 되었으면 좋겠다.

글쓴이가 역사를 업으로 삼고 있다 보니 일종의 직업병이 있어서, 소설을 읽으면서 시대 배경을 따지기도 하고 역사학 연구 성과를 작품에 투영해서 해석하려는 성향이 가끔 드러나곤 할 것이다. 그건 어디까지나 내가 읽은 방식일 뿐이니, 한번 참조하긴 하되 그런 데에 얽매일 필요 없이 자신만의 방식으로 다시 새겨보면 될 것이다. 교실에서 학생들과 이야기할 때마다 느끼는 바이지만 모두 같은 책을 보고도 너무나도 다른 생각들을 펼쳐 보이곤 한다. 누구나 그런 영혼의 자유를 마음껏 누려야 한다. 즐거움으로 시작하여 지혜로 끝나는 것! 이는 로버트 프로스트가 시에 대해 이야기한 것이지만, 우리의 모든 배움은 무릇 그와 같아야 하리라.

이 어쭙잖은 글을 정리하는 데에 여러 사람의 도움을 받았다. 서울대학교 대학원 서양사학과 박사 과정에 있는 황혜진 양과 서울대학교 사회대학 외교학과에 재학 중인 옥창준 군이 원고를 읽고 내용과 표현 양면에서 적지 않은 힌트를 주었다. 고등학교에 재학 중인 주은선 양은 청소년 독자의 대표 역할을 맡아서 원고를 읽고 분석적인 감상을 전해 주어서, 이 책을 마무리할 때 큰 도움을 받았다. 원고를 책으로 엮는 데 사계절출판사의 많은 분들이 애써 주었다. 사랑과 인내로 늘 옆에서 도와주는 아내 이주미에게도 고마운 마음을 표하고자 한다.

2009년 11월
주경철

차례

문학과 역사가 만나는 자리 ... 5

현명한 노예가 살아가는 방법 - 『이솝 우화집』 10
시민은 폭군에게 아첨하지 않는다 - 아이스킬로스의 「아가멤논」 18
   • 민주주의, 우리의 정치 체제 ... 28
고뇌를 통해 지혜를 얻다 - 아이스킬로스의 『오레스테이아』 3부작 30
중세의 치명적인 사랑 이야기 - 『트리스탄과 이즈』 40
사후 세계의 대대적 구조조정 - 단테의 『신곡』 중 「연옥편」 52
   • 저승 세계에 대한 고대적 상상 ... 67
죽음을 넘는 인간적 사랑의 세계 - 보카치오의 『데카메론』 70
   • 흑사병 ... 82
아랍 상업 세계와 문학 - 「선원 신드바드와 짐꾼 신드바드」 84
무사도란 죽는 일이다 - 『주신구라』 96
동화 속 결혼 이야기 - 「푸른수염」과 「하얀 새」 110
푸가초프의 반란과 푸시킨 - 푸시킨의 『대위의 딸』 118
프랑스 혁명과 제정, 그리고 여성 - 스탈 부인의 『코린나 - 이탈리아 이야기』 128
   • 프랑스 혁명 연보 ... 138

제국주의 시대의 성장 소설 - 로버트 루이스 스티븐슨의 『보물섬』 142
　• 드레이크, 해군 제독이 된 해적 ... 154

바다를 지배하는 자가 세계를 지배한다 - 쥘 베른의 『해저 2만 리』 156

삼나무처럼 자유로운 영혼 - 헨리 데이비드 소로의 『시민의 불복종』, 『월든』 166
　• 멕시코 전쟁으로부터 1850년 타협까지 ... 176

「별」의 작가에서 애국 시인으로 - 알퐁스 도데의 단편집 178

20세기를 지배한 문화 아이콘 - 에드거 라이스 버로스의 『타잔』 188

서구를 위협하는 동방의 어두운 힘 - 브램 스토커의 『드라큘라』 196

암울한 미래로의 여행 - 허버트 조지 웰스의 『타임머신』 206

세계의 대영혼에 눈뜨다 - 존 스타인벡의 『분노의 포도』 218

20세기 역사에 대한 시적(詩的) 코멘트 - 브레히트의 『살아남은 자의 슬픔』 230

홀로코스트를 어떻게 기억할 것인가
　　- 프리모 레비의 『이것이 인간인가』, 아트 슈피겔만의 『쥐』 236

핵전쟁 시대의 어두운 심연 - 윌리엄 골딩의 『파리대왕』 250
　• 닥터 스트레인지러브 ... 259

문화 대혁명의 광기를 버텨 낸 순정 - 위화의 『허삼관 매혈기』 262

현명한 노예가 살아가는 방법

『이솝 우화집』

사자와 나귀, 여우가 함께 사냥을 했다. 수확물을 많이 얻은 후 사자는 나귀에게 그것을 분배해 보라고 했다. 나귀는 셋이 함께 잡았으므로 나누는 것도 똑같아야 한다고 생각해서 수확물을 정확히 삼등분했다. 사자는 화가 나서 나귀를 잡아먹어 버렸다. 그러고 나서 다시 여우에게 사냥감을 나누어 보라고 했다. 여우는 자신의 몫으로 아주 조금만 놔두고 나머지는 몽땅 사자에게 돌렸다. 이를 보고 매우 만족한 사자가 여우에게 물었다. "아주 잘했다. 그런데 누가 이런 걸 가르쳐 줬지?" 여우가 대답했다. "죽은 나귀가 가르쳐 주었답니다."

이것이 바로 'lion's share'(최대의 몫)라는 영어 표현이 나오는 데 바탕이 된 우화 '죽음이 전해 준 교훈'이다. 이야기의 맨 끝에 이 우화의 교훈이 이렇게 정리되어 있다. "우리는 다른 사람의 불행을 통해 현명해진다."

이솝(기원전 620~기원전 560년경, 아이소포스의 영어식 이름)이 동물들을 등장시켜 전개하는 이야기는 대개 이런 식이다. 세상에는 사자같이 힘센 자들이 자신의 이익을 위해 힘없는 자들을 무자비하게 몰아친다. 이럴진대 나귀처럼 멍청하게 굴다가는 언제 피해를 볼지 모르므로, 때로는 비굴해 보이더라도 여우처럼 약게 처신하는 것이 낫다. 자신의 처지를 제대로 파악하지 못하고 무모하게 덤볐다가는 신세 망치기 십상이며, 그런 사람은 결코 동정을 받지 못하고 잔인하게 놀림만 당할 뿐이다.

독수리 한 마리가 높다란 바위 위에서 내리꽂히듯 날아와서 양 한 마리를 낚아챘다. 이를 본 까마귀가 자기도 똑같이 해 보기로 마음먹었다. 까마귀는 독수리처럼 멋지게 날아가서 숫양에게 덤벼들었다. 그런데 억센 양털에 발톱이 엉켜 버려 양을 낚아채기는커녕 아무리 해도 발톱이 빠지지 않아 도망칠 수도 없었다. 놀란 양치기가 달려와서 까마귀를 잡고는 날개 끝을 잘라 버렸다. 날지도 못하고 뒤뚱거리며 걷는 까마귀를 보고 동네 아이들이 무슨 새냐고 물어보자 양치기는 이렇게 말했다. "글쎄, 내가 보기에는 까마귀 같은데 저 새는 자기가 독수리라고 생각하는 모양이란다."

이 험악한 세상에서 사람들이 살아가는 방식은 동물들의 행태와 크게 다르지 않다. 그렇다면 자신의 처지에 맞는 동물들의 도를 배워 두는 것이 한세상 살아가는 데에 도움이 되지 않겠는가?

이쯤에서 생각나는 인물이 한 명 있다. 인간은 원래 반쯤 길들여진 동물과 같으므로 그들을 다스리기 위해서는 짐승 다루는 법이나 짐승의 도를 배워서 적용해야 한다고 주장한 마키아벨리(1469~1527)가 그 사람이다. 그에 따르면 군주는 사자와 여우의 기질을 배워서, 여우처럼 함정을 피하고 사자처럼 늑대를 혼내 주어야 한다. 마키아벨리 역시 인간 세계가 성숙한 도덕성에 따라 움직이지는 않는다는 진실을 꿰뚫어 보았다는 점에서 이솝과 맥이 통한다.

그동안 우리는 이솝 우화가 어린이들에게 착하고 바르게 살아가도록 가르치는 내용이라고 믿었다. '토끼와 거북이', '북풍과 해님',

'양치기 소년과 늑대' 등이 우리에게 가장 친숙한 이솝 우화가 아니었던가. 유치원이나 초등학교 선생님들은 이런 이야기들을 들려주면서 우리에게 거짓말하지 말고 성실하게 노력해야 하며, 친구들과 사이좋게 잘 지내야 한다는 '착한' 교훈을 가르쳐 주려고 했다. 그렇지만 『이솝 우화집』을 처음부터 끝까지 읽어 보면 그런 교훈을 담고 있는 이야기는 아주 소수에 불과하다는 것을 알게 된다. 사실 '바른생활'용 우화들 중

빅토리아 여왕이 다스리던 시대에는 도덕주의가 크게 번졌다. 이 시대에 이솝 우화도 많이 변형된다.

많은 이야기가 이솝이 지은 게 아니라 후대에 덧붙여졌을 가능성이 크다. 특히 영국에서 빅토리아 시대에 이솝 우화를 번역 출판하면서 도덕주의가 강하게 덧칠되었다. 이때 도덕주의자들의 기준에 맞지 않는 이야기가 많이 빠지고, 그 대신 편집자 스스로 창작한 이야기가 많이 들어갔다고 한다. 그들은 우화라는 이 강력한 교육 수단을 이용해서 그 시대가 중시하는 덕목들을 어린이들에게 가르치려고 했던 것이다.

그러나 애초에 이솝 우화는 어린이에게 들려주려 한 것이 아니었다. 다음 이야기는 분명 어린이들이 볼 만한 이야기는 아니지 않은가.

머리칼이 희끗희끗해져 가는 한 중년 남자에게 두 사람의 정부(情婦)가 있었다. 한 여자는 젊고, 다른 여자는 나이가 많았다. 나이 많은 여자는 자기가 남자보다 몇 살이나 더 나이가 많기 때문에 그 남자를 만나는 걸 창피하게 느끼게 되었다. 그래서 그 여자

는 애인이 자기 집을 찾아올 때마다 그의 검은 머리칼을 눈에 띄는 대로 뽑아 버렸다. 한편 젊은 여자는 자신보다 나이 많은 연인을 둔 것이 너무 싫어서 그 중년 남자의 흰 머리칼을 뽑아 버렸다. 그렇게 해서 차례로 흰 머리칼과 검은 머리칼을 뽑힌 그 남자는 결국 대머리가 되고 말았다.

이솝이 살았던 고대 그리스 사회는 어떤 곳일까? 우리는 어쩌면 어느 정도 편향된 시각으로 그리스 문명을 바라보는지 모른다. 페이디아스라는 전설적인 조각가가 인류 역사상 가장 훌륭한 신전을 짓고, 저녁에는 시민들이 아이스킬로스나 아리스토파네스의 위대한 작품 공연을 보러 가며, 소크라테스와 같은 대철학자들이 거리에서 심오한 대화를 나누는 곳으로만 그리는 것이다. 물론 그런 요소들이 있기 때문에 고대 그리스 문명이 이후 서구 문명에 심오한 영감을 주는 원천이 되었지만, 오직 그런 빛나는 측면들만 보아서는 안 된다는 점을 강조하고 싶다.

아테네와 스파르타는 다른 사회들과 마찬가지로 권세를 누리는 소수의 사람들과 가난에 시달리는 다수의 서민들 사이에 심각한 갈등이 벌어지고, 더구나 사회 최하층에 속하는 수많은 노예들이 불행한 삶을 살아야 했던 곳이다. 노예가 존재하는 모습도 다양했다. 전쟁 포로가 노예가 되어 예속적인 노동을 하여 수확물 중 일부를 지배자에게 바치는 경우도 있고, 때로는 부채에 내몰린 사람이 일정 기간 노예 상태로 떨어지기도 했다. 아테네 같은 곳에서는 이런 부채 노예를 아예 외부 지역에 팔아 영구히 노예로 전락시키기도 했지만, 솔론이라는 정치가가 이와 같은 부채 노예를 금지하는 개혁을 실시하여 이를 없애 버렸다. 기원전 500년경부터는 문자 그대로 주인이 노예의 생사를 좌우하는 가혹한 노예제가 그리스 세계에 널리 퍼졌다. 고대 그리스의 탁월한 문화적 성과들을 단순히 문화적 황금기의 산물이라고 볼 것이 아니라 고통스러운 현실 세계에 대한 깊은 성찰이 빚어낸 결과라고 보아야 한다.

이솝의 출신과 행적은 잘 알려져 있지 않지만, 그나마 가장 신빙성 있는 헤로도토스의 기록에 따르면 그는 점령지 포로 출신 노예였

그리스 사회의 이면에는 노예 노동이 자리잡고 있다. 올리브 열매를 따는 노예들을 그린 도기. 기원전 520년경.

다. 고대의 노예는 워낙 직무나 역할이 다양해서 지금 우리에게는 매우 이상해 보이는 현상도 있을 수 있으니, 예컨대 로마 황제 직속의 노예가 선장이 되어 배를 지휘하고 그 밑에 자유인 선원들이 그에게 복종하는 일도 가능했다. 때로 지식인 노예가 철학자나 문인 역할을 맡는 수도 있었는데, 이솝이 바로 그런 경우로 보인다. 그는 끝내 그리스 세계 최고의 작가가 되었다. 소크라테스가 죽기 전에 감옥에서 그의 우화들을 운문으로 다듬었고, 아리스토텔레스의 제자들이 그의 작품들을 정리하여 출판하였으며, 아리스토파네스는 자신의 희곡 작품에서 여러 차례 이솝의 이름을 직접 거론했을 정도로 이솝은 이미 당대에 높은 평가를 받았다. 그러나 아무리 다른 노예들에 비해 사정이 좋았다 하더라도 노예 신분으로 살아가는 것이 결코 쉽지는 않았

을 것이다. 세상을 바라보는 그의 시각이 지극히 현실적이다 못해 냉소적인 이유도 바로 여기에 있다.

범선 한 척이 승객들을 고스란히 태운 채 바다에 가라앉았다. 이 장면을 본 어떤 사람이 신들을 비난했다. "사악한 인간 한 명을 벌하기 위해 죄없는 다른 사람들을 이렇게 죽이는 것이 가당한 가?" 그런데 그 순간 개미 한 마리가 그의 발을 물었다. 화가 난 그 사람은 거기에 있던 개미들을 모두 밟아서 뭉개 버렸다. 이때 헤르메스 신이 나타나서 그를 지팡이로 때리면서 이렇게 말했다. "신이 사람을 심판하는 과정도 네가 개미를 심판하는 것과 똑같다."

이솝이 보기에는 우주 질서를 관장하는 신들도 결코 정의롭기만 한 것은 아니다. 하물며 인간들이야 오죽하랴.

제비 한 마리가 법원 건물에 둥지를 틀고 새끼를 키우고 있었다. 그런데 어느 날 이 제비가 잠시 둥지를 비운 사이 뱀이 새끼들을 잡아먹어 버렸다. 어미 제비가 슬픔에 겨워 통곡하자 다른 제비들이 와서 위로했다. 그러자 어미 제비는 이렇게 말했다. "여기가 법원 아닙니까? 내 새끼들을 잃은 것도 슬프지만, 법원에서까지 폭력이 지배한다는 것이 더 슬프군요!"

이솝이 그리는 이 세상은 냉혹하며, 법이 있다고 해서 꼭 공평하게 정의가 실현되는 곳도 아니다. 성실하게 일하고, 남에게 관대하게 대하며, 서로 돕고 살라는 식의 도덕적 조언들도 없지는 않지만, 그보다는 이 세상이 어떤 곳인지 명료하게 파악하고 거기에 맞는 세상살이의 지혜를 터득하라는 것이 현명한 노예 이솝이 말하고자 하는 바일 것이다.

이솝은 아폴론의 신탁으로 유명한 델포이 시민들에게 참혹하게 살해당한 것으로 알려져 있다. 자세한 내막이야 알 수 없지만, 신앙심이 끓어 넘치는 그 고장 사람들에게 괜히 입바른 소리를 했다가 맞아 죽은 것은 아닐까 하는 공상을 해 본다. 그렇게 현명한 말을 잘하던 이솝이 정작 자신이 설파한 교훈대로 살지 못한 것을 보면 예나 지금이나 정녕 지혜롭게 한세상 사는 것이 어렵기는 어려운 모양이다.

이솝의 초상. 벨라스케스의 그림, 1640년.

시민은 폭군에게 아첨하지 않는다

아이스킬로스의 「아가멤논」

인간은 거대한 운명의 힘 앞에 저항하지 못하고 강물 위로 떠가는 풀잎처럼 그냥 휩쓸려 가는 존재인가? 아니면 자기 삶의 주인으로서 내면에 자유를 간직한 고귀한 존재인가? 나와 공동체의 관계는 무엇인가? 사회 정의란 무엇인가?

고대 그리스 세계가 여느 고대 문명들과 다른 특징은 시민들이 이런 근본적인 질문들을 자유롭게 던지고 활발하게 논의했다는 데에 있다. 이 점을 잘 보여 주는 것이 연극 작품들이다.

아이스킬로스의 「아가멤논」(기원전 458)은 고대 그리스 비극 중 현재 유일하게 남아 있는 3부작인 『오레스테이아』의 첫 번째 작품이다. 이 작품을 이해하기 위해서는 우선 아트레우스 가문의 신화적 배경을 알고 있어야 한다.

아트레우스 가문의 시조는 탄탈로스이다. 제우스의 아들인 탄탈로스는 여러 신들의 총애를 받아 올림포스에 있는 신들의 거처에까지 초대받았지만, 내심 신들을 공경하기보다는 도전적인 태도를 지니고 있었다. 그가 저지른 불경한 행위 중에서도 최악의 것은, 과연 신들이 정말로 모든 것을 꿰뚫어 아는 능력이 있는지 시험해 보기 위해 자기 아들 펠롭스를 죽여서 요리를 만들어 신들에게 제공한 엽기적 사건이다. 물론 대부분의 신들은 음식을 본 순간 무슨 일이 일어났는지 바로 알아챘지만, 데메테르 여신은 딸 페르세포네가 하데스에 납치된 일로 정신이 없어서 펠롭스의 어깨 부분을 먹고 말았다. 신들은 이 고약한 인간에게 영겁의 벌을 내렸으니, 이것이 유명한 탄탈로스의 가책이다. 그는 목까지 물에 잠겨 있지만 물을 마시려고 하면 수면이 가라앉고, 머리 위에 잘 익은 포도송이가 매달려 있지만 포도를 따려고 하면

영원히 갈증과 기아에 시달리는 벌을 받은 탄탈로스.

나뭇가지가 달아나 버려서, 영원히 갈증과 기아에 시달려야 했다. 신들은 여기에 그치지 않고 죽은 펠롭스를 도로 살려 내서 이 가문이 대대로 저주를 받도록 만들었다. 신화의 설명에 따르면, 이 가문의 후손들(오른쪽 가계도를 참조하라)에게 일어난 모든 불행한 사건들은 여기에서 뿌리를 찾을 수 있다.

아닌 게 아니라 탄탈로스의 자손들은 하나같이 흉악한 일들을 겪었다. 그의 후손 중 아트레우스와 티에스테스 형제가 있는데, 동생 티에스테스는 형수와 간통을 저질렀고, 이를 알게 된 아트레우스는 조카들을 죽여서 요리를 만든 다음 동생을 속이고 그것을 먹게 했다. 한참 맛있게 먹는 동생에게 따로 남겨둔 손발들을 보이며 "동생, 지금 먹고 있는 게 자네 아들들이야. 손하고 발은 예 있네." 하고 놀렸다. 이런 대접을 받고 가만있으면 아트레우스 가문 사람이 아니다. 티에스테스는 순전히 형에게 복수하기 위해 자기 친딸과 결혼해서 아들 아이기스토스를 낳았다. 이렇게 낳은 아들이 복수를 해 주리라는 신탁을 받았기 때문이다. 아이기스토스는 아트레우스 슬하에서 자랐는데, 자신을 키워준 그가 친아버지의 원수라는 사실을 알게 되자 주저 없이 살해했다.

다음 세대인 아가멤논 대가 되면 이들 사이는 더욱 꼬이게 된다. 아트레우스는 아가멤논과 메넬라오스라는 두 아들을 두었는데, 이 두 사람은 각각 클리타임네스트라와 헬레네라는 두 자매와 결혼했다. 이 헬레네가 바로 그 유명한 트로이 전쟁을 유발한 그리스 세계 최고의 미녀이다. 여기에 소위 '파리스의 심판'이라는 에피소드가 끼어든다. 가장 아름다운 여신을 자처하는 세 여신 사이의 삼파전에서 심판을 맡은 트로이의 왕자 파리스는 지혜를 약속한 아테나와 세계의 지배권을 약속한 헤라보다 세계 최고의 미녀를 약속한 아프로디테의 손을 들어 주었다. 아프로디테는 약속대로 헬레네를 그에게 주었고, 결과적으로 트로이의 왕자가 스파르타의 왕비를 납치하게 된 이 사건은 당대의 세계대전으로 비화되었다(물론 이것은 어디까지나 신화적인 설명이고, 아마 실제로 트로이 전쟁이 일어났다면 그리스 세계가 동쪽으로 정치적·경제적 팽창을 해 나가다가 그 지역의 강력한 세력과 충돌하여 벌어진 싸움일 것이다).

아르고스의 왕 아가멤논은 트로이를 공격하기 위해 그리스 각국의 군대를 동원하여 대규모 원정군을 구성하였다. 그런데 이 원정군은 출발도 하기 전에 큰 문제에 부닥쳤다. 총사령관 아가멤논이 사냥

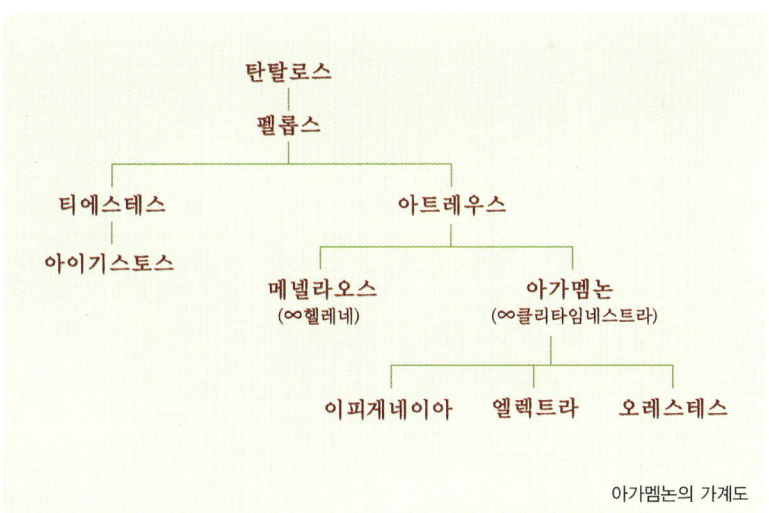

아가멤논의 가계도

출정을 위해 딸 이피게네이아를 희생 제물로 바치려는 아가멤논. 자크 루이 다비드 그림, 1819년.

하러 나갔다가 그만 아르테미스 여신의 신성한 사슴을 죽이는 실수를 저지른 것이다. 분노한 아르테미스 여신은 바람을 잠재워서 원정군을 태운 범선들이 출항하지 못하도록 만들었다. 신의 분노를 풀려면 아가멤논의 딸 이피게네이아를 희생 제물로 바치는 수밖에 없었다. 불쌍한 이피게네이아는 아버지를 저주하지 못하도록 입에 재갈까지 물린 채 제단에서 목숨을 잃었다. 이렇게 해서 원정군은 어렵사리 트로이를 향해 떠났다.

아가멤논의 부인 클리타임네스트라는 남편이 자신의 잘못을 가리기 위해 딸을 죽인 데 대해 분노를 참지 못했다. 그 때문이었을까? 그녀는 아가멤논이 전장에 나가 있는 동안 아이기스토스를 정부(情夫)로 삼았다. 아이기스토스는 앞에서 설명했듯이 부녀간 근친상간으로 태어났고, 양아버지이자 큰아버지인 아트레우스를 죽인 데다가, 클리타임네스트라의 입장에서 보면 자기 시아버지를 죽인 인물이다. 이런 문제 많은 사람과 딴살림을 차리고 결국 그와 합세하여 자기 남편을 죽이게 되니, 그녀는 '악녀' 소리를 들을 자격을 고루 갖춘 셈이다.

아이스킬로스의 「아가멤논」은 이와 같은 이야기를 배경으로 하고 있다. 극은 그리스군이 트로이를 함락하였다는 봉화 신호가 보이는 것으로 시작된다. 곧 아가멤논이 귀환하는데, 그는 일종의 전리품으로서 트로이의 공주인 카산드라를 노예이자 첩으로 데리고 온다. 클리타임네스트라는 겉으로는 10년 만에 돌아오는 남편 아가멤논을 환영하는 척하면서, 흉계를 꾸며 그와 카산드라를 모두 살해한다. 사실 이 극의 스토리 자체는 이것이 전부일 정도로 단순하다. 원래 그리스의 비극들은 오늘날의 영화처럼 관객이 모르는 새로운 스토리를 보여 주는 것이 아니라, 이미 알고 있는 내용을 저자 나름대로 극화하고 비장한 대사를 동원하여 관객들에게 카타르시스(영혼의 정화)를 경험하게 하는 것을 목표로 한다.

클리타임네스트라는 귀환한 아가멤논을 설득하여 붉은 카펫을 밟고 집으로 들어가도록 만든다. 이는 원래 신들만 누릴 수 있는 영예이므로 아무리 전쟁 영웅이라 하더라도 인간이 이런 행동을 하면 오만의 죄를 범하는 것이 된다(이는 인간이 저지르는 최악의 죄에 해당한다). 그 사실을 잘 알고 있는 아가멤논이 왜 굳이 거절하지 않고 붉은 카펫을 밟고 들어갔는지에 대해서는 아직도 논란이 분분하다.

아가멤논 내가 어디 동방의 군주요? 몸을 굽히고 칭송을 하니 말이오. 비단을 깔지 마시오. 내 자신이 오만스럽게 보일 것이오.

이런 화려한 예의는 신께나 어울리는 일일 거요. 인간이 어찌 이런 훌륭한 비단을 밟겠소? 난 호화스러운 것이 두렵소. 난 신이 아니니까 인간으로 대접해 주시오. (……)
클리타임네스트라 제가 하자는 대로 해 주세요.
아가멤논 당신 소원이라면 좋소.

이 극에 등장하거나 거론되는 인물들은 하나같이 가족이나 남녀 관계에 심각한 문제를 안고 있다. 클리타임네스트라는 남편을 죽였고, 헬레네는 사랑을 버리고 떠났으며, 카산드라는 신의 사랑을 거절했다(아폴론은 카산드라를 사랑하여 예언의 능력을 주었으나 그녀가 사랑을 거절하자 누구도 그녀의 예언을 믿지 않도록 만들었으니, 카산드라는 '바른 말을 하지만 사람들이 믿어 주지 않는 인물'의 상징이 되었다). 아가멤논은 가정을 파괴한 자들을 응징하기 위해 대군을 이끌고 전쟁에 나선다고 하면서 정작 자기 친딸을 죽이고, 첩을 끌어들이며, 결국은 자기 부인에게 죽음을 당한다. 사랑은 증오로 변해 있고, 사람들의 관계는 모두 뒤틀려 있다. 무엇보다도 윗세대와 아랫세대 간에 죽고 죽이는 일이 여러 대에 걸쳐 일어났다. 그리하여 신의 저주를 받은 이 집은 귀신 들린 집이 되었다. 죽은 망령을 볼 수 있는 카산드라의 눈에는 과거에 일어났던 끔찍한 일들이 파노라마처럼 펼쳐진다.

양날도끼로 남편을 살해한 클리타임네스트라. 존 콜리어의 그림, 1882년.

카산드라 신의 미움을 받은 집, 얼마나 악한 짓을 많이 했나. 혈육 간에 목을 베고 수많은 사람을 학살하는 집, 그리고 땅에 피를 뿌리는 흉가……. 저기를 보세요, 저 집 앞에 앉아 있는 어린 것들. 친척에게 살해된 아이들 같군요. 손에 고기를 들고 있네요. 자기 살과 자신의 내장까지 들고 사람들에게 먹으라고 바치고 있어요. 그걸 아버지가 먹죠. 누군가가 그 때문에 복수를 계획하고 있어요.

집 안 곳곳에서 억울하게 죽은 자들의 피가 복수를 외치고 있다. 클리타임네스트라는 아가멤논을 속여서, 그가 목욕탕에서 옷을 갈아입느라고 몸을 제대로 쓰지 못하는 사이 양날도끼로 세 번 내리쳐서 살해한다. 왜 하필 세 번일까? 이는 신에게 동물을 희생 제물로 바치는 방식이다. 클리타임네스트라는 딸 이피게네이아가 피를 흘린 방식 그대로 아가멤논에게 복수를 한 것이다. 그녀는 시민들 앞에서 자기가 한 일이 올바르다며 당당하게 주장한다. 남편을 그물에 사로잡힌 물고기처럼 꼼짝 못 하게 만들고 도끼로 세 번 내리쳤을 때 "상처 구멍에서 시뻘건 피를 내 몸에 내뿜었지만, 그러나 나는 기뻤노라. 하늘에서 내리는 자비로운 비를 받아 기뻐하는 보리알처럼!" 이처럼 그리스 세계 최고의 영웅인 아가멤논도 조상 대대로 내려오는 원죄의 숙명에서 빠져나올 수는 없다. 물론 클리타임네스트라와 아이기스토스 역시 처참한 피의 보복을 피하지는 못하리라. 이제 그들이 복수를 당할 차례이니, 살인의 죄를 저지른 자여, 기다려라!

코러스 집 안에 흐르는 피의 비가 무섭구나.

이제 이 비는 폭포수처럼 커졌으니
또 다른 피의 운명은 다시 숫돌 위에
복수의 칼날을 갈고 있다.

이 작품의 주인공은 제목과 달리 아가멤논이 아니라 그를 살해한 클리타임네스트라이다. 작품은 처음부터 끝까지 오직 그녀에게만 집중한다. 그녀 내면의 원한에서 시작하여 복수를 위해 치밀하게 준비하고 끝내 행동으로 옮기기까지 극 전체가 클리타임네스트라를 중심으로 진행된다. 그러는 동안 조금씩 조금씩 긴장이 더해지고 마침내 그 쌓인 압력이 폭발하듯 아가멤논이 쓰러질 때 극은 정점에 이른다.

「아가멤논」은 인간이면 누구나 숙명적으로 부딪히게 되는 애증의 문제를 다루지만, 그와 함께 국가 통치에 대한 성찰을 제공한다. 사랑의 질서가 어긋나 버린 집은 곧 통치의 질서가 뒤집어진 국가를 상

〈아가멤논〉을 감상하는 관객들. 그리스 비극은 고대 그리스 세계가 역사적으로 발전시켜 온 정치 질서를 시민들에게 교육하는 기능을 했다. 윌리엄 블레이크 리치먼드의 그림, 1887년.

징한다. 남편을 죽인 클리타임네스트라와 그녀의 정부 아이기스토스는 국가의 차원에서 보면 부당한 방식으로 권력을 탈취한 참주(僭主)이기도 하다. 그들은 시민을 "배의 아래층에서 노를 젓는 천한 무리들" 취급을 하면서 힘으로 누르려고 한다. 그들은 사랑을 증오로 바꾸어 버린 자들인 동시에 국가의 민주 질서를 압살한 국적(國賊)이다. 아가멤논을 간악하게 살해한 자들에 대해 시민들(극에서 코러스로 대표된다)은 분노의 소리를 낸다.

코러스 이건 분명히 포악한 전제 정치를 하려는 시초요.
이렇게 머뭇거리니까 그렇소. 그자들은 주저하는 자들의 명예를
짓밟으며, 쉬지 않고 악행을 감행하는 것이오.
궁전을 더럽힌 자를 수령으로 떠받들고 목숨을 이어 갈 것인가!
아니 그건 안 되지. 차라리 죽는 것이 낫지. 죽음이 억압보다는
상냥하니까.

끝내 시민 대표들은 칼을 빼들고 압제자 일당과 격투하기 직전까지 간다.

코러스 아르고스에는 악인에게 꼬리를 치고 아첨하는 자는 없소.

이처럼 그리스 비극은 인간이 내적으로 부딪히는 근본 문제에 대한 심원한 성찰을 담고 있는 동시에, 고대 그리스 세계가 역사적으로 발전시켜 온 정치 질서를 시민들에게 교육하는 기능을 수행하였다.

민주주의, 우리의 정치 체제
펠로폰네소스 전쟁 전몰군인을 위한 추도연설 중에서

아테네 황금기의 탁월한 정치가였던 페리클레스는 펠로폰네소스 전쟁이 끝난 후 전몰군인들을 위한 추도 연설을 하였다. 이 연설에서 우리는 아테네 시민들이 그들의 민주주의에 대해 얼마나 큰 자부심을 가지고 있었는지 확인할 수 있다.

"우리의 정부 형태는 다른 나라의 제도와 경쟁 관계에 있지 않습니다. 우리 정부는 이웃 나라의 정부 형태를 모방하지 않고 오히려 다른 나라의 모범이 되고 있습니다. 우리의 정치 체제는 민주주의라 불리는데, 그 이유는 권력이 소수가 아니라 다수에게 있기 때문입니다. 사적인 분쟁에서 누구에게나 똑같은 사법 정의가 적용되지만, 그와 함께 능력의 우위도 인정합니다. 능력이 탁월한 시민은 공직에 기꺼이 선출되지만, 그것은 특권 대우가 아니라 그의 자질을 인정하기 때문입니다. 가난은 장애가 아니며, 출신이 아무리 미천하다고 해도 국가에 봉사할 수 있습니다. 공공 생활을 독점하는 법이 없으며, 사적인 업무에서도 서로 불신하지 않고, 또 이웃이 원하는 대로 한다고 해서 불만을 가지지 않습니다. 피해를 주지는 않으나 그래도 불쾌감을 표시하는 그런 표정을 지어 보이지도 않습니다. 우리는 사적인 일에 아무런 제약이 없지만 공공 행위에는 상호 존중의 정신이 배어 있습니다. 우리는 권위와 법을 존중하며, 특히 약자를 보호하기 위한 법률을 준수할 뿐 아니라 그러한 법률을 위반하는 사람들을 비난하는 불문율을 존중함으로써 잘못된 행동을 삼갑니다.

우리는 또한 고된 일과로 지친 마음을 위안해 줄 오락도 잊지 않고 있습니다. 우리에게는 일 년 내내 정기적인 게임과 제례가 끊이지 않습니다. 우리의 집들은 아름답고 우아합니다. 이런 일들에서 일상적으로 느끼는 즐거움으로 우리는 슬픔을 멀리합니다. 우리 도시국가가 위대하기 때문에 지상의 산물이 흘러들어 옵니다. 그래서 우리나라 산물과 마찬가지로 다른 나라의 산물들도 자유롭게 향유합니다.

한편, 우리의 군사 훈련은 적들에 비해 훨씬 앞서 있습니다. 우리 도시국가는 전 세계에 개방되어 있습니다. 그렇지만 우리는 혹시 우리의 비밀이 알려지면 적에게 유리하게 될지 모른다는 의심에서 외국인을 내쫓는 일이 없습니다. 우리는 술수나 책략에 의존하지 않고 우리의 마음과 손에 의존하는 것입니다. 또 교육의 측면에서도, 적들은 어릴 때부터 아이들을 용감하게 만든다는 의도로 힘든 훈련을 시키지만 우리는 편안하게 지내면서도 그들과 마찬가지로 위험 앞에 당당하게 맞섭니다. (……)

우리는 혹독한 훈련을 거치지 않고 느긋한 마음가짐으로 위험을 맞이하면서도 용기가 충만한데, 이는 법으로 강제하는 것이 아니라 자연스러운 습관에 의해 생겨난 것입니다. 이런 방식이 훨씬 더 나은 것이 아닐까요? 우리는 불행한 미래를 원치 않기 때문에 때가 되면 늘 용기를 발휘하며, 휴식을 모르는 외국의 병사들과 마찬가지로 용맹스럽습니다. 그러므로 우리나라는 평화 시에나 전시에나 늘 훌륭한 곳입니다. 우리는 아름다움을 사랑하는 취향을 가지고 있고, 또 우리의 힘은 의미 없는 생각과 토론이 아니라 곧바로 행동에 옮길 수 있는 토론을 통해 얻어진다고 생각합니다. (……)

이 모든 점들을 종합하여 볼 때 아테네는 그리스 세계의 학교이며, 각각의 아테네인들은 모두 최상의 유연성과 아름다움으로 아주 다양한 형태의 행동에 적응할 능력을 지니고 있는 것입니다." ※

페리클레스

고뇌를 통해 지혜를 얻다

아이스킬로스의 『오레스테이아』 3부작

피의 보복!

이것은 인류 역사에서 보편적으로 나타나는 현상이다. 부모형제의 원수를 내 손으로 직접 처단하여 보복한다는 이 원시적 감정만큼 자연스러운 것은 없다. 문제는 피가 다시 피를 부르는 악순환이 일어난다는 데에 있다. 때로는 여러 대를 이어 내려가기도 하는 이 사적(私的) 복수의 연쇄는 사회 전체로 보면 결코 정의가 아니며, 어떻게 해서든 멈추도록 해야 한다. 과연 어떻게 원시적 복수의 연쇄를 중단시키고 공적(公的) 정의를 세울 것인가?

아이스킬로스의 『오레스테이아』 3부작은 이 문제를 정면으로 제기하고 있다. 「아가멤논」, 「제주(祭酒)를 바치는 여인들」, 「자비로운 여신들」이라는 세 편의 작품을 통해 펼쳐지는 아트레우스 가문의 비장한 피의 복수는 어떤 식으로 끝날 것인가?

「아가멤논」에서 살펴보았듯이, 아가멤논은 신에 대한 자신의 잘못을 지우기 위해 딸 이피게네이아를 희생물로 바쳤고, 이에 원한을 품게 된 클리타임네스트라는 정부 아이기스토스와 함께 아가멤논을 죽여서 복수를 한다. 극의 마지막에 시민들은 "오레스테스(아가멤논의 아들)가 아직 살아 있다면 언제이건 운명의 손이 그를 고향으로 인도하여 두 사람을 살해할 때가 오리라."는 예견을 하는데, 이것이 두 번째 작품 「제주를 바치는 여인들」에서 실현되는 내용이다.

아가멤논과 클리타임네스트라 사이에는 아들 오레스테스와 딸 엘렉트라가 있었는데, 오레스테스는 일찍이 이웃 나라에 피신해 있는 상황이고 엘렉트라는 노예가 된 처지였다. 어느 날 클리타임네스트라는 자기가 낳은 뱀이 젖을 빠는데 젖 대신 피가 나오는 무서운 꿈

아버지를 살해한 아이기스토스를 죽이는 오레스테스.

을 꾼다. 극심한 공포에 빠진 그녀는 신의 분노를 가라앉히기 위해 엘렉트라에게 아가멤논의 묘에 찾아가서 술을 올리라는 명령을 내린다. 엘렉트라는 어떤 청년이 머리카락을 잘라 아가멤논의 묘석에 바친 것을 발견한다. 동생 오레스테스가 몰래 귀국하여 아버지의 묘소에 찾아와 복수를 다짐한 것을 알게 된 엘렉트라는 이제 동생과 함께 직접 행동에 나서기로 한다. 오레스테스는 우연히 찾아온 나그네로 가장하여 왕궁에 들어가서 어머니 클리타임네스트라를 만난다. 그는 자신을 알아보지 못하는 어머니를 "당신 아들은 이미 죽었다."는 거짓말로 안심시킨 뒤, 기회를 봐서 그녀와 그녀의 정부 아이기스토스를 살해한다.

그런데 이것이야말로 정말 심각한 문제가 아닐 수 없다. 아버지의 원수를 갚는 것은 좋지만, 그러기 위해 어머니를 죽이는 것 또한 큰 죄가 아닌가? 과연 어떤 것이 더 정의로운 일인가? 원수를 갚는 것인가, 아니면 어머니의 목숨을 구하는 것인가? 오레스테스는 아버지의 원수를 갚으라는 아폴론 신의 뜻을 따라 어머니를 살해했지만, 친족 살인의 피 냄새를 맡은 분노의 여신들이 곧 그에게 달려든다. 다른 사람 눈에는 안 보이고 부모를 죽인 자에게만 보이는 이 여신들은 이 세상 끝까지 그를 쫓아다니며 괴롭힌다.

아, 저것을 보시오! 저 여자들! 고르곤처럼 검은 옷을 입고 머리에는 뱀들이 칭칭 감긴 저 여인들! 저들이 마구 몰려옵니다. 눈에는 증오에 찬 검은 피를 흘리면서!

마지막 세 번째 작품인 「자비로운 여신들」에서 오레스테스는 아폴론 신의 도움을 받아 이 문제를 해결하려고 한다. 아폴론은 오레스테스를 자기 신전에 보호하고는 있으나 분노의 여신들의 저주로부터 벗어나게 할 수는 없다. 흥미로운 점은 그리스 신들의 세계에서 올림포스의 열두 신, 심지어 최고신인 제우스라 하더라도 이러한 군소 지

어머니를 죽인 오레스테스에게 분노의 여신들이 달려든다. 윌리엄 부그로의 그림, 1862년.

아폴론이 오레스테스를 보호하려고 분노의 여신을 잠들게 하자 클리타임네스트라의 망령이 분노의 여신들을 깨운다. 그리스 도기, 기원전 470년경.

방신(地方神)들을 마음대로 제어할 수 없다는 사실이다. 아폴론 신은 오레스테스를 아테네로 보내서 아테나 여신에게 도움을 구하도록 한다. 그러는 동안 오레스테스를 보호하기 위해 분노의 여신들을 잠시 잠들게 했지만 죽은 클리타임네스트라의 망령이 나타나서 이 여신들을 도로 깨워 오레스테스를 쫓도록 만든다. 분노의 여신들이 두런두런 소리를 내며 일어나서 오레스테스에게 묻어 있는 피 냄새를 따라 다시 그를 쫓아가는 장면을 보던 임신부가 사망하는 사건이 일어나는 바람에, 이후 이 작품은 고대 그리스 최고의 호러물이라는 명성을 얻게 되었다.

신과 인간, 게다가 죽은 자의 망령까지 원고와 피고, 그리고 변호인으로 등장하는 이 희대의 난제를 떠맡게 된 아테나 여신은 아테네에서 중대 사건을 판결하는 기구인 아레오파고스 법정에서 재판을 열기로 한다.

고대 아테네는 디카스테리아라는 이름의 사법 제도를 발전시켰다. 재판단은 30세 이상 시민 6000명 중에서 추첨을 통해 구성하는데, 민사 사건의 경우는 최소 201명 이상, 공공의 문제에 관한 사건의 경우는 601명 이상으로 구성했다. 아테네는 직접 민주주의 원칙을 내세웠으므로 전문적인 법률가에게 재판을 맡기는 것이 아니라 시민들이 직접 재판에 참여함으로써 민의를 반영하도록 했다. 그리고 아레오파고스는 중대한 사건의 상급 재판을 담당한 기구였다.

여신은 판정을 내릴 열두 명의 아테네 시민들을 데려오는데, 수많은 군중들이 그들을 뒤따라와서 재판을 지켜본다. 아테나 여신은 이 재판의 의의를 중히 여겨 시민들에게 이렇게 말한다. "어떤 인간도 법의 테두리를 벗어나 살 수 없다는 사실을 알아 두도록 하라."

재판이 본격적으로 열리기 전부터 분노의 여신 대표가 아폴론 신에게 "신의 관할이면 뭣이든 통치하시지만, 이 사건하고도 관계가 있으신지요?" 하면서 신경전을 벌인다. 원고(분노의 여신들)와 피고(오레스테스) 간 다툼의 쟁점은 우선 남편을 살해한 죄와 어머니를 살해한 죄 가운데 어느 것이 무겁냐 하는 문제이다. 오레스테스는 분노의 여신들에게 "어머니를 살해했다고 해서 나에게 비난을 해 대지만, 그 어머니가 아버지를 살해했을 때에는 왜 가만히 있었는가?" 하고 따지는데, 이에 대해 분노의 여신들은 피를 나눈 친족을 살해한 자를 응징하는 것만이 자신들의 임무라고 반박한다. 이때 변호인 자격으로 아폴론이 피고 편에 서서, 제우스 신께서 신탁을 통해 말씀하셨듯이 아버지에 대한 죄가 가장 큰 죄라고 발언하자, 놀랍게도 분노의 여신들은 제우스 신까지 싸잡아 공격한다. 제우스도 자기 아버지 크로노스를 옥에 가둔 적이 있으니 "아폴론 신께서 방금 증언하신 것과 모순이 있다."는 예리한 지적을 한 것이다. 아폴론 신은 "이 저주받을 괴물들!" 하고 버럭 화를 낼 뿐 별로 신통한 응답을 하지 못하더니 재판장 아테나 여신께서 피고를 잘 보호하신다면 아테네 시민들에게 대대손손 좋은 동맹이 될 것이라는 '청탁성 멘트'로 변론을 마무리하는데,

이를 보면 논리 싸움에서는 오히려 아폴론 신이 밀리는 느낌이다.

이제 열두 명의 시민과 아테나 여신의 표결에 따라 최종 판결이 내려지게 되어 있다. 재판관들이 한 명씩 앞으로 나와 단지 안에 표를 던지는 동안에도 분노의 여신들은 아폴론 신에게 "신은 억측을 요구하오. 이제 보니 신탁도 거짓이오." 하는 식의 공격을 멈추지 않는다. 아테나 여신은 제우스의 몸에서 직접 태어났기 때문에 어머니가 없는지라 피고에게 동정이 간다는 이유로 오레스테스 편에 한 표를 던진다. 그런 다음 단지 속의 표를 계산해 보니 시민 대표들의 의견이 6 대 6으로 갈린다. 결과적으로 아테나 여신의 한 표가 오레스테스의 손을 들어 준 셈이다. 이제 오레스테스는 지긋지긋한 저주에서 해방되었다. 그뿐 아니다. 지금까지 살인자에게 들러붙어 괴롭히는 흉악한 역할을 해 왔던 분노의 여신들도 이 사건을 계기로 아테네 시를 보호하는 명예로운 선신(善神)으로 역할을 바꾸게 된다.

이렇게 행복한 결말로 끝난다면 오레스테이아 3부작을 두고 비극이라 할 수 있는가?

이 질문에 답하기 위해서는 그리스 비극의 의미를 명백하게 이해해야 한다. 그리스 비극은 이야기가 슬프냐 아니냐가 문제가 아니라, 탁월한 인간이 겪는 고통과 불행이라는 요인이 핵심이다. 김동인의 소설 「감자」에 묘사된 복녀처럼 비참한 삶을 사는 보통의 인간은 자연주의 소설의 주인공이 될 수는 있지만 그리스 비극의 주인공은 아니다.

그리스 비극의 주인공은 보통 인간의 한계를 뛰어넘는 영웅의 자질을 가지고 있지만, 그와 더불어 비극적 결함을 가지고 있어서 그 때문에 파멸하는 존재이다. 그들은 보통 인간이라면 오히려 피하기 마련인 과오를 당당하게 저지른다. 자기 존재의 불길한 근원에 대해 직감하면서도 기어이 그것을 알고자 하는 오이디푸스, 자신도 결국 똑같은 복수를 당하리라는 것을 알면서도 아가멤논을 살해하는 클리타임네스트라 같은 인물이 그런 인간형이다. 이들은 고통을 피해 가는 게 아니라 당당하게 '겪어 나간다.' 이들이 장대하게 쓰러지는 모습을 보며 관객들은 "동정과 두려움, 그리고 그 때문에 정화되고 맑아진 감동의 느낌"을 받는다. 사람들은 위대한 주인공들이 겪는 고통을 통해 인생의 본질에 대해, 신이 주관하는 이 세계의 의미에 대해 질문하고, 결국 인간의 존엄성을 깨닫게 되는 것이다.

아이스킬로스의 흉상.

사실 되돌아보건대 아가멤논, 클리타임네스트라, 또는 오레스테스가 고통을 당하는 이유에 대해 우리는 의아심을 갖지 않을 수 없다. 멀고 먼 조상 대대로 내려오는 저주 때문에 그런 고통을 받는다는 신화적인 설명은 지금 우리의 감수성으로는 받아들이기 어렵다. 왜 우리가 이해할 수 없는 신의 뜻에 따라 파멸해야 한단 말인가? 그러나 그리스인들은 이런 문제에 직면하여 결코 부당함을 하소연하지 않는다. 애초에 인간은 우리 인식의 한계 너머에서 유래된 알 수 없는 어떤 힘에 의해 재앙에 묶인 존재라는 것이 그들의 생각이다. 그러므로 비극의 주인공들은 자신의 운명에 대해 한탄하지 않고 그것에 당당하게 맞부딪친 다음 장대하게 스러질 뿐이다. 이 모든 것들은 궁극적으로 선(善)이 승리하는 과정이다.

이런 관점을 견지하는 아이스킬로스는 대단히 종교적인 작가이다. 그의 작품에 나오는 제우스는 우리가 흔히 보게 되는 그리스 신화의 바람둥이 신, 즉 인간의 약점을 공유하는 너무나도 인간적인 모습의 신과는 거리가 멀다. 「아가멤논」에서 코러스는 끊임없이 "아, 슬프다! 그러나 마침내 선이 승리하리라." 하는 노래를 부른다. 제우스는 인간과 우주 전체의 질서를 관장하는 최고신이다. 신이 정한 오묘한 뜻에 따르는 것이 인간이 마땅히 가야 할 길이며, 그 길은 결국 궁극적인 선의 승리로 귀결된다.

진정 제우스만이 예지의 완전한 길
인간으로 하여금 지혜를 배우고
고뇌를 통하여 인생을 알게 했노라.

『오레스테이아』 3부작이 '해피 엔드의 비극'인 이유가 여기에 있다.
아이스킬로스는 마라톤 전쟁에 참전한 전사 출신이다. 그의 작품 곳곳에는 그가 겪은 참혹한 전쟁의 경험이 녹아 있다. 예컨대 클리타임네스트라는 마치 직접 본 듯이 전쟁 상황을 이렇게 설명한다. "승리를 거둔 자의 환성과 포로들의 신음 소리가 뒤섞이고 있을 거요. 살아남은 사람들도 포로의 사슬에 묶여 가족의 죽음과 사랑하는 이의 죽음을 통곡할 것이 아니겠소? 전쟁이 끝난 이 마당에 승자들은 주린 창자를 달래기 위해 어지러운 시내를 활보하면서 포로의 집에서 먹을 것을 집어내고 휴식을 취하겠지. 그들은 들판에서 서리와 이

슬을 맞고 눕고는 했지만 이제는 그럴 필요도 없소. 다시는 보초가 깨우는 일도 없을 것이고 온밤 단잠을 잘 수 있을 것이오." 이는 실제 전쟁을 겪지 않았다면 서술하기 힘든 내용일 것이다.

아테네는 그리스의 명운을 걸고 세계 최대 제국인 페르시아와 싸워 승리를 쟁취했으니, 바로 이 시기가 아테네 역사의 정점이라 할 수 있다. 시민들에게는 참혹한 전쟁에서 살아남아 영광의 시대를 살고 있다는 자부심이 가득했다. 그러나 인간은 재앙의 한복판에서도 영광을 잊지 말아야 하고, 또한 영광의 한가운데에서도 언제 재앙이 다시 닥쳐올지 모른다는 사실을 기억해야 한다. 인간의 삶은 영광과 재앙 사이에서 부침(浮沈)을 겪고 있노니, 우리는 다만 그 모든 것이 위대한 신의 뜻에 따라 이루어진다는 확신을 가지고 살면 족하다. 아테네는 결국 신들의 보호를 받아 정의로운 법이 지배하는 공동체를 건설하지 않았는가.

아레오파고스의 판결은 몇 대에 걸쳐 지속된 복수의 연쇄를 인간이 만든 공식 제도를 통해 명료하게 마무리했다. 내 원수를 내 손으로 직접 처단한다는 것은 감정적으로는 가장 자연스러운 일일지 몰라도 사회의 질서를 어지럽히는 심각한 문제를 야기할 수밖에 없다. 문명화가 진행되면 어느 시점에서는 사적 복수라는 원시적 해결 방식에 의존하는 대신 제도화된 사법 기구가 정착되어 공적인 판결을 내려야 한다. 아이스킬로스의 『오레스테이아』는 인간뿐 아니라 심지어 신까지도 법질서를 지켜야 한다는 절대적 규칙을 고대 그리스인 스스로 규정하고 또 정당화한 작품이다.

『로미오와 줄리엣』으로부터 『춘향전』에 이르기까지 세상에는 사랑 이야기가 많기도 하지만, 사랑의 극진함으로 따지자면 『트리스탄과 이즈』를 따를 작품이 없다. 이 이야기를 우리말로 옮긴 이형식 선생은 이를 두고 "곡진하고 자상한 심정이 엮어 낸 한 편의 긴 노래"요 "간절하되 고요하며, 뜨겁되 악착스럽지 않은 노래"라고 평했지만, 나는 '살짝 징그러운 느낌이 들 정도로 치명적인 사랑의 이야기'라고 표현하고 싶다.

『트리스탄과 이즈』가 원래 어디에서 기원했는지는 자세히 알려져 있지 않으나, 12세기 들어 프랑스를 중심으로 여러 곳에서 그야말로 기적과도 같이 갑자기 솟구쳐 나와서 사람들의 입에 오르내리기 시작했다. 그렇게 중세의 한 시기를 풍미하던 이 다정다감한 이야기는 어느 결에 지하수처럼 유럽 문화의 저층으로 숨어 들어가 오랜 세월 잠복해 있다가, 19세기가 되어서야 다시 본격적으로 분출되어 널리 퍼지게 된다. 월터 스코트, 매슈 아널드, 토마스 만 같은 작가들에 의해 각색되기도 하고, 바그너에 의해 유장한 오페라 작품(〈트리스탄과 이졸데〉)으로 되살아나기도 했다.

원래 『트리스탄과 이즈』의 중세 판본은 여러 종류가 있어서 줄거리나 표현이 조금씩 다른데, 프랑스의 중세학자인 조제프 베디에는 그 판본들이 모두 가지를 쳐 나온 하나의 근원이 있으리라 생각하고 그것을 '원형 트리스탄'

바그너의 오페라 〈트리스탄과 이졸데〉.

(ur-Tristan)이라고 이름 붙였다. 그가 스스로 재구성해 본 '원형'에 대해 많은 학자들은 타당성이 있다고 인정하고 있다. 그러니까 조제프 베디에가 편집한 책은, 말하자면 중세 작품보다 더 중세적인 성격을 띤다고 할 수도 있으리라.

『트리스탄과 이즈』는 간절함이 극에 달해 결국 죽음에 이르게 되는 이야기이다. 이들이 나누는 사랑은 죽음 외에는 다른 길이 없는 슬프디슬픈 사랑이다. 오죽하면 주인공 이름부터가 '슬픈 사람'(Tristan)일까. 그의 아버지 리발렌이 전장에 나가 죽고 난 후 그의 어머니 블랑슈플뢰르마저 그를 낳으면서 죽는데, 그때 어머니는 이런 말을 남긴다. "슬픔 속에서 너를 낳고, 너에게 베푸는 첫 잔치 또한 슬프니, 너로 인하여 나는 슬픔을 안고 죽노라. 너는 그렇게 슬픔을 지니고 이 세상에서 왔으니 너의 이름을 트리스탄이라 지어 주노라."

트리스탄은 충신 로할트의 보살핌을 받고 고르브날을 스승으로 삼아 기사가 갖추어야 할 모든 덕목을 배운 다음 외삼촌인 마크 왕의 궁정에 가서 살게 된다. 그가 운명의 연인 이즈를 만나게 된 것은 마크 왕이 다스리는 콘월과 이즈가 살고 있는 아일랜드가 사이가 안 좋았기 때문이다. 아일랜드의 거인 기사 모르홀트가 콘월에 들이닥쳐 결투를 청했을 때 모든 기사가 두려움에 떨며 피했으나 오직 트리스탄만이 용감하게 나서서 싸움에 응한다. 트리스탄은 결투 끝에 모르홀트를 죽이지만 자신도 몸에 독이 퍼지는 중상을 입고 위험에 빠진다. 트리스탄은 모든 것을 운에 맡기고 조각배에 몸을 싣고 정처 없이 바다로 나가는데, 운명의 장난인지 이 배가 흘러 흘러 아일랜드에 닿아 결국 그가 죽인 모르홀트의 조카딸인 이즈가 그의 목숨을 구해 준다. 이즈에게 트리스탄은 세상에서 가장 증오하는 원수이지만, 자기가 보살피는 사람이 바로 트리스탄이라는 사실을 모른 채 그의 목숨을 살려 놓은 것이다.

콘월로 돌아간 트리스탄은 이번에는 마크 왕의 배필로 이즈를 모셔 가기 위해 두 번째로 아일랜드에 오게 된다. 내용인즉, 궁정의 신료들이 마크 왕에게 하루바삐 외국의 공주를 맞아들여 후사를 보라고 요청하자 마크 왕은 제비 두 마리가 물어 와서 떨어뜨린 금발 머리카락을 보여 주며 이 금발의 주인과 결혼하겠다고 이야기한다. 트리스탄은 그 머리카락이 이즈의 것임을 한눈에 알아보고, 그녀를 찾아 다시 아일랜드 땅으로 건너간다. 마침 아일랜드에는 용이 성문을 가로막고 사람들을 괴롭히고 있어서 아일랜드 왕은 용을 없애는 용사에게 이즈를 배필로 주겠다고 선언했다. 이 말을 들은 트리스탄은 용감하게 용과 맞서 싸워서 죽이지만 자신도 용의 독에 쏘여 사경을 헤맨다. 이번에도 역시 이즈가 트리스탄을 보살펴서 목숨을 구하게 된다.

그런데 이즈가 트리스탄의 칼을 들여다보노라니 칼날에 이가 빠진 부분이 있어 혹시나 하며 숙부인 모르홀트의 두개골에 박혀 있던 강철 조각을 대 보았는데 영락없이 들어맞지 않는가. 이제 그의 정체를 알게 된 이즈는 부상에서 회복되지 않아 꼼짝도 못 하는 트리스탄에게 칼을 들이댄다. 하지만 결국 트리스탄을 살해하는 대신 그에게 키스를 한다. 두 사람은 이때 이미 깊은 사랑에 빠졌다고 해석하는 것이 옳을 것이다. 뒤에 설명하듯이 사랑의 묘약을 잘못 먹어서 어쩔 수 없이 사랑하게 되었다는 것은 핑계일 뿐이다.

사랑의 묘약을 나눠 마시는 트리스탄과 이즈. 워터하우스의 그림, 1905년.

그러나 두 사람의 사랑은 그들을 둘러싼 온갖 제약으로 방해받는다. 트리스탄은 내심 이즈를 극진히 사랑하나 그녀를 자기 외삼촌의 신부로 모시고 가야 하는 고통스러운 임무를 띠고 있지 않은가. 이즈 역시 트리스탄이 자신과 결혼하기 위해 목숨을 걸고 용과 싸운 줄 알았는데 사실은 마크 왕과 결혼시키려 그랬다는 사실을 알고 수치심과 괴로움에 몸을 떤다.

그런데 콘월로 가는 배에서 운명의 사건이 벌어지고 만다. 이즈의 어머니는 신랑 신부를 위해 사랑의 묘약을 만들었다. 두 사람이 나누어 마시면 헤어날 수 없는 사랑에 빠져들게 되는 이 약은 원래 이즈와 마크 왕이 첫날밤에 마시도록 준비한 것인데, 시녀 브랑지앵의 실수로 트리스탄과 이즈가 나누어 마시고 말았다.

> 날카로운 가시가 돋고 향기로운 꽃이 핀 힘찬 넝쿨 하나가 트리스탄의 심장에 뿌리를 내려, 그의 몸과 그의 모든 사념과 모든 욕망을 질긴 끈으로 이즈의 아름다운 몸에 얽어매고 있는 것 같았다.

무슨 일이 일어났는지 뒤늦게 사실을 안 브랑지앵은 이렇게 탄식한다. "나의 벗 이즈여, 그리고 트리스탄 공이시여, 그대들은 그대들의 죽음을 마시었소."

두 연인의 아름다운 몸에서는 욕망과 생명이 파르르 떠는데, 트리스탄은 조용히 이렇게 말한다. "죽음이여, 올 테면 오라!"

사랑의 묘약은 이렇게 두 사람의 사랑을 완성시켜 주었다. 그와 함께 그 사랑이 간통 사건이 아니라 그들 자신도 어쩔 수 없는 운명의 힘에 의한 것이라는 기가 막힌 변명거리를 제공하였다.

궁정의 신하들이 이들의 관계를 눈치 채고 왕에게 고해바치지만 두 사람은 위태롭게도 밤마다 밀회를 즐긴다. 그러나 비밀을 영원히 감출 수는 없는 법, 결국 마크 왕도 트리스탄이 이즈의 침실로 갔다는 사실을 알게 된다. 말하자면 현장에서 간통을 들켰으므로 트리스탄으로서도 아무 할 말이 없을 것 같은데, 이때 트리스탄은 오늘날의 사고로는 도저히 이해하기 힘든 주장을 편다. 그는 맹세코 왕비에게 '범죄적' 연정을 품은 적이 없으며, 이 사실을 결투를 통해 밝히겠다는 것이다. 자신이 이즈와 사랑을 나눈 것은 오직 사랑의 묘약을 잘못 먹은 때문이라고 강변하는 것은 그렇다고 치자. 어떻게 누군가와 결투를 해서 자신의 결백함을 밝힌다는 것일까?

> 범죄 여부를 입증하는 것은 행위가 아니라 심판이다. 인간들은 행위를 보지만, 하느님은 인간의 가슴을 보며, 오직 하느님만이 유일하게 진실한 심판관이다. 따라서 범죄 혐의를 받는 사람은 결투를 통해 자신의 결백을 입증할 권리를 갖도록 하느님께서 그 제도를 만드신 것이며, 하느님께서는 항상 결백한 사람의 편에 서신다.

트리스탄과 이즈의 관계를 눈치 챈 마크 왕. 에드문트 블레어 라이튼의 그림, 1902년.

인간은 내면의 진실을 다 알 수가 없으므로 하느님의 판단을 알아보아야 하는데, 그 방식이 다름 아닌 결투였다. 하느님은 언제나 정의로운 자의 편에 서시므로, 아무리 힘이 약한 사람이라 하더라도 그가 진실로 결백하다면 결투에 나가서 반드시 승리하게 되어 있다는 것이다. 그러니까 트리스탄이 누군가와 정식으로 결투를 해서 승리를 거두면 그가 결백하다는 것을 하느님이 밝혀 주시게 된다. 물론 오늘날 우리에게 이런 식의 중세적 재판은 '힘센 자가 곧 정의'라는 원시적인 도덕률로 보일 뿐이다.

그러나 격노한 마크 왕은 트리스탄의 주장을 받아들이지 않고 두 사람을 화형에 처하기로 결정한다. 그뿐이 아니다. 이즈가 화형대에 끌려가는 동안 문둥병자 집단이 나타나서 마크 왕에게 화형보다 더 가혹한 처벌 방법을 가르쳐 준다. "질질 흐르는 체액에 누더기가 상처에 붙어 있는 문둥병자" 100명이 이즈를 범하게 하자는 것이다. 어질기로 소문난 마크 왕이건만 트리스탄의 배신 행위에 너무 큰 상처를 입었던지, 차라리 태워 죽여 달라는 이즈의 간청을 뿌리치고 이즈를 문둥병자들에게 넘긴다. 다행히 마지막 순간 트리스탄이 깎아지른 절벽 위의 예배당에서 기적적으로 뛰어내려 탈출한 뒤 이즈를 구출해서, 두 사람은 모루아 숲 속으로 도망가서 숨어 산다.

이후에 벌어지는 이야기들도 현대의 독자들에게는 논리적으로 이상한 일뿐이다. 어느 날 마크 왕이 모루아 숲에 사냥을 하러 갔다가 우연히 잠자는 이 두 사람을 발견하는데, 이때 두 사람은 칼을 사이에 두고 잠들어 있다. 마크 왕은 두 사람이 그만큼 순결한 관계라는 것을 깨닫게 된다! 앞뒤가 맞지 않는 설명 같지만, 어쨌든 이 일을 계기로 트리스탄은 마크 왕과 화해를 하고 이즈를 되돌려 보내기로 한다. 문제는 궁정의 신하들이 이즈가 순결하지 않다는 주장을 굽히지 않는다는 것이다(사실 그들 말이 맞지 않은가). 이때 이즈는 기가 막힌 트릭을 사용하여 위기를 넘긴다. 이즈가 왕궁으로 가는 도중에 물을 건널 때 트리스탄을 순례자로 변장시키고는 이즈를 안아 뭍으로 옮기도록 한 것이다. 그리고 순례자가 힘에 부치는 척하면서 두 사람이 함께 넘어지는 쇼를 한다. 이렇게 사전 정지 작업을 한 다음, 이즈는 하느님과 성인 유골을 걸고 "마크 왕과 조금 전에 나와 함께 쓰러졌던 순례자 외에는 그 어떤 남자도 그녀를 품에 안은 적이 없다."는 맹세를 한다. 사실 말이야 맞지 않은가! 그리고는 중세 신명재판(神命裁判) 방식에 따라 시뻘겋게 달궈진 쇠막대를 움켜쥐고 아홉 걸음을 걸은 후에 두 팔을 십자가 모양으로 벌려 보인다. 이때 불에 덴 상처가 심하면 유죄이고 상처가 없거나 곧 나으면 무죄가 되는 것이 판결 방식이다(하느님은 죄가 없는 자를 벌하지 않으리라는 것이 판결의 근거이다). 놀랍게도 이즈의 손에는 아무런 상처도 없었으니, 그녀의 맹세가 사실이라고 하느님이 보증을 서 준 셈이다.

그 후에도 두 사람이 다시 밤에 몰래 만나는 것을 보면 이들의 사랑은 강렬하다 못해 차라리 광기로 보일 지경이다. 이즈는 왕의 품에서 몰래 빠져나와 "실오라기 하나 걸치지 않은 알몸을 모피 외투 하나로 감싸고" 나이팅게일 소리로 사인을 보내는 트리스탄을 만나러 가는 것이다. 궁정의 신하들이 이 사실을 눈치 챘지만 하나같이 트리스탄이 휘두르는 "정의의 몽둥이"와 화살에 목숨을 잃는다. 이제 더 이상 이 나라에 살기 힘들게 된 트리스탄은 외국으로 몸을 피하게 된다.

트리스탄은 브르타뉴로 건너가 그곳의 영주 카헤르딘에게 의탁하며 산다. 그리고 영주를 도와 전투에서 큰 공을 쌓는데, 그 덕분에 영주의 누이동생과 결혼할 것을 제안받는다. 그녀는 '흰 손의 이즈'라고 불리는 아름다운 여인이었다. 아마도 그가 진심으로 사랑하는 이즈('흰 손의 이즈'와 구분하여 '금발의 이즈'라고 부른다)와 비슷하게 생겨서 그랬던지 트리스탄은 덜컥 그녀와 결혼을 해 버린다. 그러나 여전히 그의 진정한 사랑은 콘월에 두고 온 이즈였으니, 끝내 트리스탄은 신부와 사랑을 나누지 않는다.

이즈에 대한 사랑을 억누를 수 없었던 트리스탄은 기어이 콘월로 숨어들어 미치광이 광대 시늉을 하여 궁궐로 들어간다. 그리고는 재담으로 사람들을 웃기면서 이즈를 만난다. 그렇지만 이제 이즈와의 사랑은 이 세상에서는 결코 이루어질 수 없다는 것을 그도 잘 알고 있다. 그의 사랑은 꿈속에서나, 혹은 아름다운 이야기 속에서나 이루어질 수밖에 없다. 광대의 목소리로 그는 이렇게 설명한다.

"저 높은 곳, 궁창(穹蒼)과 구름 사이에 있는, 저의 아름다운 유리 집으로 왕비님을 모시겠나이다. 햇살은 듬뿍 받아들이나 모진 바람은 막아 주는 전각이옵니다. 왕비님을 그 전각에 있는 수정 침실로 모시겠나이다. 그 침실에는 장미꽃이 항상 만발해 있고, 아침 해가 돋으면 모든 것이 눈부시게 반짝입니다."

이즈를 만나고 브르타뉴에 돌아온 트리스탄이 다시 전투에 나갔다가 치명적인 상처를 입고 사경을 헤맬 때 그의 마지막 부탁은 이즈를 불러 달라는 것이었다. 그러나 그의 '공식' 부인은 엄연히 흰 손의 이즈! 그녀는 자기 오빠 카헤르딘이 콘월로 금발의 이즈를 부르러 간다는 이야기를 엿듣고 복수의 계획을 짠다. 카헤르딘은 금발의 이즈를 데리고 오면 배에 흰 돛을 달고 그렇지 않으면 검은 돛을 달기로 트리스탄과 미리 약속을 하였다. 그는 천신만고 끝에 이즈를 데리고 급히 배를 몰고 브르타뉴로 오고 있었다. 이제나저제나 이즈의 도착을 기다리는 트리스탄에게 흰 손의 이즈는 이렇게 말한다. "임이시여, 카헤르딘이 돌아옵니다. 그가 타고 오는 배를 보았어요. 돛을 활짝 펴서 높이 달았습니다. 그런데 돛의 색이 온통 검었습니다."

이 말을 들은 트리스탄은 벽을 향하여 돌아눕더니 "이즈, 내 사랑!"을 세 번 외치고는 숨을 거두었다. 뒤늦게 도착한 이즈는 트리스탄이 죽었음을 알고 시신과 나란히 몸을 눕힌 다음, 시신의 입에 자신의 입을 맞추며 시신을 힘껏 껴안았다. 그리고는 조용히 숨을 거두었다.

두 사람의 시신은 성당의 후진(後陣) 양쪽에 묻혔는데, 트리스탄의 무덤에서 풀과 잎이 무성한 가지에 향기로운 꽃이 만발한 찔레나무 한 그루가 솟아오르더니 이즈의 무덤에 깊숙이 박혔다. 마크 왕이 세 번이나 잘랐으나 다시 찔레가 자라나서 박히자 왕도 찔레나무를 자르지 말라는 명령을 내렸다.

중세의 아름답고 슬픈 사랑 이야기는 이렇게 막을 내렸다. 세상의 모든 인습과 규제를 넘어선 사랑, 죽음에 이를 수밖에 없다 하더라도 그것마저 기꺼이 감내하는 이들의 사랑은 서구 문명에서 이상적인 사랑의 모습으로 자리 잡는다. 그야말로 물불 가리지 않고 오직 그들의 사랑에만 달려드는 두 주인공의 행위를 어떻게 이해할 수 있을까? 저명한 신화학자 조셉 캠벨은 트리스탄과 이즈의 사랑에 대해 이런 논평을 하였다.

> 사랑에는 고통이 따른다. 트리스탄이 사랑의 묘약을 마시고 난 후 '죽음이여 오라'고 이야기할 때 그는 자신의 사랑이 발각되었을 때 받는 벌이 죽음이더라도, 또 지옥에서 영원히 고통받는 것이라고 해도 그것을 달게 받겠다고 선언한 것이다. 자신의 사랑은 죽음보다, 고통보다, 이 세상의 어떤 것보다도 귀하기 때문이다. 자신의 천복(天福)을 따를 때에는 어떤 협박에도 두려워하지 않을 자신이 있어야 한다. 무슨 일이 생기든지 '내' 삶과 행동은

제 나름의 가치를 지녀야 한다.

죄악으로 지탄받아 마땅한 행위도 음유 시인들에게는 절대로 지탄받아서는 안 될 아름다운 경험이다. 사랑은 삶에 의미를 부여한다. 사랑의 순간은 인생에서 고귀한 순간이다. 트리스탄과 이즈와 같은 사랑의 개척자들은 자기 성취의 주인이자 도구가 되고자 했다. 그런 사랑의 깨달음이야말로 우리 사회에서 이루어질 수 있는 가장 고상한 일이다. 그들은 도그마도, 정치도, 사회가 규정하는 어떤 선(善)의 당대적 개념도 좇지 않고 오로지 자기 경험으로만 지혜를 구하려 했다. 바로 이것이 개인주의이다. 서구 사회는 개인을 살아 있는 실재로 인식하고 존중하는 데에서 출발한다. 사회의 기능은 반드시 개인을 기를 수 있어야 한다. 결국 개인을 꽃피게 하는 것이 사회의 기능이지, 사회를 꽃피게 하는 것이 개인의 기능은 아니다.

－조셉 캠벨, 『신화의 힘』, 고려원, 355~359쪽

내가 내 삶의 주인으로서 나의 행복과 삶의 의미를 스스로 찾는다는 서구 문명 특유의 개인주의의 뿌리는 죽음도 마다하지 않는 트리스탄과 이즈 두 사람의 곡진한 사랑 이야기로까지 거슬러 올라간다.

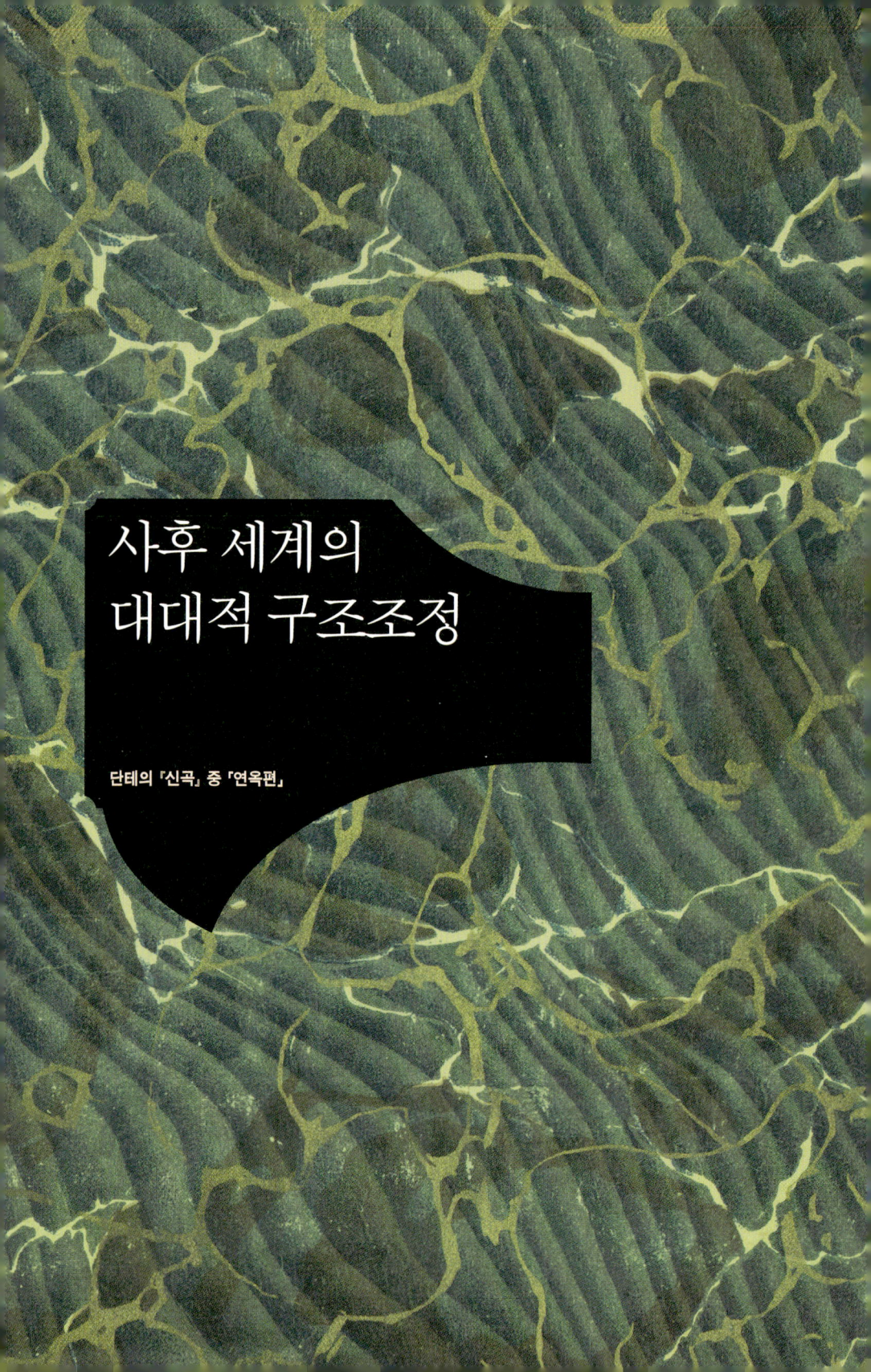

사후 세계의 대대적 구조조정

단테의 『신곡』 중 「연옥편」

단테와 베르길리우스가 배를 타고 지옥을 항해하고 있다. 외젠 들라크루아의 그림, 1822년.

더 좋은 물 위를 떠가려고
내 재주의 작은 배는 그리도 끔찍했던
바다(지옥)를 뒤로 하고 돛을 활짝 펼친다.

이제 나는 인간 영혼이 정화되고
천국에 오를 준비를 하는
이 두 번째 왕국을 노래하려 하노라.
—「연옥편」 1곡 1~6행

시성(詩聖)이라고도 일컬어지는 이탈리아 시인 단테 알리기에리 (1265~1321)의 『신곡』(神曲)은 진정 불후의 명작이라 불러 마땅하다. 이 작품은 지옥(Inferno), 연옥(Purgatorio), 천국(Paradiso)의 세 편으

지옥은 깔때기 모양으로, 둥근 고리의 여러 지옥이 연이어져 있다. 산드로 보티첼리의 그림, 1480년대.

로 이루어져 있는데, 편마다 각각 33곡에다가 서곡 한 곡을 더해 100곡으로 되어 있으며, 이탈리아어 11음절로 된 시행이 모두 1만 4000행이 넘는 대작이다.

단테가 형상화한 명계(冥界, 사람이 죽은 뒤에 간다는 영혼의 세계)의 구상은 실로 대담하고도 극적이다. 언젠가 하늘에서 추락한 사탄이 유성처럼 지상에 떨어져 대충돌을 일으키고는 땅속으로 밀려 들어가 처박혔는데, 이때 생겨난 거대한 지하 동굴이 지옥을 구성한다. 지옥은 지표면에서 중심부로 갈수록 차츰차츰 좁아지는 깔때기 모양을 하고 있으며, 둥근 고리 모양의 여러 지옥들이 연이어져 있다. 이처럼 지구 중심부에 이르기까지 엄청나게 큰 동굴이 생겨나면서 그 반대 방향으로 흙이 밀려나와서 남반구의 대척지에 큰 산이 하나 생겨났다. 이 정죄(淨罪)의 산이 바로 연옥으로서, 이곳에 간 영혼들은 산을 올라가면서 생전에 지은 죄들을 지운다. 이 산의 정상에 지상 낙원이 있다. 천국은 지구를 중심으로 돌아가는 아홉 겹의 하늘과 이 구천(九天)을 둘러싼 지고천(至高天, 또는 淸火天)으로 구성되어 있고, 여기에 구원받은 복자(福者)들이 향기로운 꽃잎 사이에 자리 잡은 천국의 장미(Rosa mystica)가 있다.

살아 있는 인간으로서 사후 세계인 지옥이나 연옥, 천국을 '여행'한다는 것은 물론 불가능한 일이지만, 하느님의 특별한 은총을 입으면 이론상 이곳을 다녀올 수도 있다. 단테는 자신이 1300년 4월 8일부터 15일까지의 성주간(聖週間, 예수의 수난과 부활을 기념하는 주간으로 부활절 전의 일주일) 중에 베르길리우스의 안내를 받아 지옥과 연옥을 거친 후 다시 베아트리체의 안내로 낙원을 방문하고 돌아온 것으로 그리고 있다. 베르길리우스와 베아트리체는 어떤 자격으로 단테의 저승 여행에 안내자 역할을 했을까? 고대 로마의 대시인인 베르길리우스는 그의 작품 『아에네이드』에서 저승 세계에 가서 아버지를 만나고 돌아온 것으로 그린 적이 있으니, 서구 문학 전통에서 시인은 저승 세계를 다녀올 수 있는 특권을 가진 존재이다. 베아트리체는 아홉 살 때 단테를 처음 만났고 그 후 다른 남자에게 시집가서 살다가 스물네 살에 일찍 사망한 평범한 여인이지만, 단테의 마음속에는 플라톤적인 사랑의 대상으로 남아 있었다. 베아트리체는 자신이 인류 구원의 상징적인 존재로 그려진다는 사실을 아예 모르고 죽었을 텐데, 단테는 그녀를 신앙의 상징으로서 천국의 안내인으로 삼았다.

단테는 중세 기독교 우주관에 바탕을 두어 장대한 사후 세계를 구

아르노 강가를 걷고 있는 베아트리체(가운데)를 응시하는 단테. 헨리 할러데이의 그림, 1883년.

상하였고, 지옥에서 시작하여 연옥을 거쳐 천국에 이르는 구원의 순례 길을 그렸다.

> 괴로움의 나라로 가고자 하는 자 있거든 나를 거쳐 가라
> 영원한 가책을 만나고자 하는 자 나를 거쳐 가라
> 절망한 사람들 사이에 끼이고자 하는 자 나를 거쳐 가라
> —「지옥편」 2곡 1~3행

『신곡』은 이런 가혹한 지옥의 문에서 시작하여

우주에 종잇조각처럼 흩어져 있는 모든 것들이

사랑에 의해 한 권의 책으로 엮어져 있는 곳

—「천국편」33곡 85~86행

    곧, 하늘의 축제가 펼쳐지는 평안의 나라로 끝이 난다.

    여기에서 특별히 주목해 보려는 것은 연옥이다. 연옥은 지옥이나 천국과는 달리 기독교 교리상 원래부터 존재한 것이 아니라 후대에 만들어져서 편입된 것이다. 물론 유대교나 기독교 전통에는 나중에 연옥으로 발전할 요소들이 이미 있었지만, 어쨌든 그런 것들이 역사적 발전 과정을 거쳐서 어느 시점에선가 최종적인 형태로 '만들어졌다'는 점이 중요하다. '연옥의 탄생' 과정을 연구한 프랑스의 역사가 르 고프에 따르면 대체로 1150~1300년 사이에 유럽 기독교는 이승과 저승의 대대적인 개편을 단행했다. 지금까지 천국과 지옥만으로 구성되었던 2원 체제에서 '제3의 처소'인 연옥이 더해진 3원 체제로 이행한 것은 유럽 문명 전체의 일대 혁신을 의미한다. 사후 세계를 보는 시각이 이처럼 근본적으로 변화한 것은 정신 내부만이 아니라 사회 심층에서 여러 변화들이 함께 일어난 결과임이 틀림없다. 르 고프의 말을 직접 옮겨 보자.

> 한 사회가 지리적·경제적·정치적·이데올로기적 공간을 어떤 식으로 편성하느냐 하는 것은 그 역사의 매우 중요한 측면이다. 기독교 사회에서 내세의 공간을 편성한다는 것은 중대한 의의를 갖는 작업이었다. 죽은 자들의 부활을 믿는다 할 때, 저세상이 어떻게 펼쳐져 있느냐 하는 것은 부차적인 문제가 아닌 것이다. 그

런데 한 사회가 이승의 공간을 편성하는 방식과 저승을 편성하는 방식 사이에는 관련이 있으리라고 생각된다. 왜냐하면 그 두 공간은 죽은 자들의 사회와 산 자들의 사회를 잇는 관계들을 통해 연결되기 때문이다.

— 자크 르 고프, 『연옥의 탄생』, 문학과지성사, 27쪽

중세 사회의 전성기인 12~13세기에 봉건적 질서가 완성됨과 함께 상공업과 도시가 발전하고, 이러한 사회 경제적 변화와 함께 종교 사상 역시 심원한 발전을 하면서 연옥의 개념이 완성된 것이리라. 이와 같은 교리상의 발전을 가장 아름답고 장엄하게 그려 보여 준 것이

지옥의 동굴, 연옥의 산, 그리고 단테의 머리 위로 천국이 펼쳐져 있다. 오른쪽으로 보이는 도시는 피렌체로, 중세 사회의 전성기인 12~13세기에 상공업이 발달한 도시를 배경으로 『신곡』이 쓰여졌음을 보여 준다. 도메니코 디 미켈리노의 그림, 1465년.

바로 단테의 『신곡』이었다.

이승에서 행한 행위에 따라 죽은 다음에 천국으로 가든지 지옥으로 간다고 할 때, 상식적으로 생각해 보아도 지옥으로 떨어질 것이 너무나도 명백한 악인이나 곧장 천국으로 직행할 선인보다는 그 중간에 해당하는 사람들, 즉 천국으로 가기에는 모자라고 지옥으로 가기에는 아까운 영혼들이 훨씬 많을 것이다. 이런 사람들은 생전에 지은 가벼운 죄들을 지운 다음 최종적으로 천국으로 간다는 것이 연옥의 논리이다.

그렇다면 인간이 짓는 죄에는 어떤 것이 있는가? 그리고 어떻게 그 죄를 지우는가?

연옥 산을 오르던 중간에 단테는 그의 스승이자 안내자인 베르길리우스에게 이곳의 망령들이 도대체 어떤 죄를 씻고 있는지 묻는데, 베르길리우스는 이렇게 답한다.

> 사랑이 악으로 기울거나
> 넘치거나 모자라게 선을 추구할 때
> 피조물은 창조주의 일을 거스르게 된다.
>
> 사랑이란 사람들 안에 자리하는
> 모든 덕행의 씨앗이 되기도 하고
> 벌을 받아 마땅한 행동의 원인이 되기도 하지.
>
> ―「연옥편」 17곡 100~105행

베르길리우스의 설명에 따르면 인간이 짓는 일곱 가지 죄(오만, 시기, 분노, 나태, 탐욕, 탐식, 애욕)는 모두 '잘못된 사랑'의 결과이다. 그 가운데 첫 번째 범주는 선에 대한 사랑이 '악에 대한 사랑'으로 변질된 것으로서, 이웃에 대한 증오(달리 말하면 이웃의 불행에 대한 사랑)의 세 형태이다. 이웃을 밟고 올라서려는 의지, 이웃의 우월함을 참지 못함, 이웃에게 복수하려는 욕망이 그것이니 각각 오만, 시기, 분노를 가리킨다. 연옥의 아랫부분 세 단계가 이 죄들을 지우는 과정이다. 두 번째 범주는 '무절제한 사랑'으로서 탐욕, 탐식, 애욕의 세 형태가 있다. 연옥의 윗부분 세 단계가 이 죄들을 지우는 과정이다. 그리고 이 두 범주의 중간에 있는 것이 '해이해진 사랑', 곧 나태이다. 연옥의 중간 단계에서 이 죄를 지우고 있다.

죄를 지우는 과정은 연옥 입구로 들어가는 세 계단에 상징적으로 묘사되어 있다.

첫번째 계단은
새하얀 것이 너무나 반들반들하게 닦여
나를 있는 그대로 비쳐 주었다.

두 번째 계단은 흑자색보다 더 검게 물들고
불에 그을린 거친 돌들이
위로 아래로 옆으로 갈라져 있었다.

세 번째 계단은 맨 위에 놓여 있었는데

연옥의 문 앞에서 천사가 단테의 이마에 P자 일곱 개를 긋고 있다. 이탈리아의 필사본, 1365년경.

핏줄에서 터져 나오는 피처럼
벌겋게 이글거리는 반암 같았다.
―「연옥편」 9곡, 94~102행

첫 번째 계단은 자신의 죄를 비추는 맑은 양심을, 두 번째 계단은 죄의 고백을, 세 번째 계단은 죄의 형벌을 달게 받으려는 의지를 상징한다고 한다.

이런 마음가짐으로 계단을 오르니 천사가 단테를 맞이하여 이마에 칼끝으로 7개의 P자를 그었다. P는 죄(peccato)를 뜻하며, 이후 각 단계를 지날 때마다 P자가 하나씩 지워진다.

연옥에서 죄를 지워 나가는 과정은 결코 녹록한 일이 아니다. 예컨대 시기의 죄를 지어 이곳에 온 사람들이 겪는 고행을 보자. 이 영혼들은 초라하기 짝이 없는 옷을 걸치고 서로의 어깨에 머리를 의지

남의 행운을 못마땅하게 여기는 시기의 죄를 지은 사람들이다.

한 채 절벽에 기대어 있는데

> 장님은 태양을 즐길 수 없는 것처럼
> 내가 지금 말하는 그곳의 망령들에게
> 하늘의 빛은 그 광휘를 허락하지 않으려는 듯,
>
> 날아가지 않도록 길들이는
> 포획된 야생의 매처럼 그들의 눈썹은
> 모조리 철사로 뚫려 꿰매져 있었다.
> ―「연옥편」 13곡, 67~72행

하느님은 시기심 많은 자들을 교정하기 위해 매 사냥꾼이 매를 조련하듯 하고 있다. 즉, 남보다 자신이 우월한 상태를 사랑하려는 잘못된 마음을 고치기 위해 그들의 눈을 아예 철사로 꿰매어 가림으로

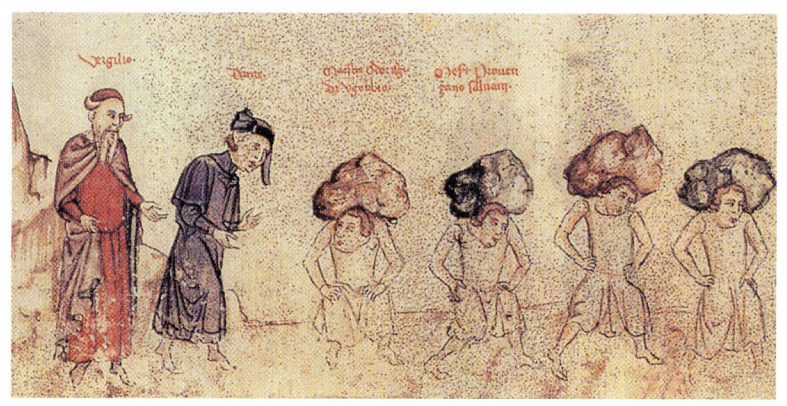
오만의 죄를 지은 사람들은 연옥에서 돌을 이고 죗값을 치른다.

써 남을 향하는 대신 하느님을 향하도록 만든 것이다.

각각의 죄에는 이처럼 그에 맞는 형벌이 따른다. 예컨대 오만의 죄를 범한 사람들은 엄청나게 무거운 바위를 등에 지고 산을 올라가야 하는데 그 짐이 너무나 무거워서 몸을 일으키지 못하고 땅바닥밖에 볼 수 없다. 이는 남을 능멸한 사람들이 자기 자신을 굽히도록 만들기 위함이다.

이렇게 가혹한 형벌을 받는다는 점에서 연옥은 임시 지옥이라 불릴 만하다. 그러나 물론 지옥과 다른 점은 이 형벌이 영원히 계속되는 게 아니라 언젠가는 끝나며 그리하여 결국은 구원을 받으리라는 희망이 있다는 것이다. 더구나 연옥 산은 다른 산과 달리 "아래에서 시작할 때 가장 힘들고 / 위로 오를수록 더 쉬워진다"(「연옥편」 4곡 89~90행). 회개 과정을 거치며 조금씩 죄를 지웠기 때문이다.

우리는 유충들, 최후의 심판을 향해

온전히 날아갈 천사 나비가 되기 위해 태어난
유충들임을 모르는가!
―「연옥편」 10곡, 124~126행

단테와 베르길리우스는 산의 중간쯤에 왔을 때 매우 특이한 경험을 한다. 온 산이 흔들리고 갑자기 환호 소리가 터져 나온 것이다. 이는 어느 영혼이 드디어 모든 죄를 씻고 천국으로 올라갈 때 일어나는 일이다.

이 산의 진동은 어떤 영혼이 깨끗해졌음을
느끼고 몸을 일으켜 세우거나
단번에 위로 올라갈 때 생깁니다.(……)

500년도 넘게 이곳에 고통스럽게 누워 있던 나는
이제야 저 높은 나라로 올라갈
자유로운 의지를 느꼈소. 그래서

산이 진동하고 이 산에 있는 경건한 영혼들이
우레 같은 소리로 하느님을 찬미했던 것이지요.
나 간절히 기도하니, 주께서 그들도 부르시기를.
―「연옥편」 21곡, 58~72행

연옥이 지옥이나 천국과 다른 점은 이처럼 변화와 발전이 있다는 점이리라. 지옥이 '절망'의 장소이며 천국이 '행복'의 장소라면 연옥은 '희망'의 장소이다. 지옥과 천국은 영원성 속에 있지만, 연옥에서는 시간이 흐른다. 그리고 위를 향한 상승과 감동적인 초월이 일어날 수 있다.

단테 알리기에리. 산드로 보티첼리의 그림.

또 한 가지 매우 중요한 사항은 연옥이 있어 이승과 저승 사이에 연결이 가능해졌다는 것이다. 만일 천국과 지옥만 있다면 이승과 저승은 전혀 소통할 수 없다. 그런데 연옥이라는 중간 세계가 만들어지고 난 후 공식적으로 산 자와 죽은 자가 소통할 수 있게 되었다. 이승에 남아 있는 사람들이 연도(鍊禱, 죽은 자들을 위한 기도)를 해 주면 연옥에서 고통받는 기간이 크게 줄어들 수 있다는 것이다. 단테는 연옥 산을 오르다가 만난 한 망령으로부터 이런 부탁을 받는다.

> (……) 당신이 로마냐와
> 카를로 지방 사이의 땅을 여행한다면
>
> 나에 대한 당신의 너그러움이 파노에 전해져서,
> 은총을 받은 사람들이 나를 위해 기도하여
> 내 죄가 곧 씻기도록 해 주시오.
> ―「연옥편」 5곡 68~72행

태어나서 죽을 때까지 아무런 죄를 짓지 않고 순백의 영혼을 간직한 채 사는 사람이 얼마나 되겠는가. 인간은 어쩔 수 없이 이런저런 죄를 지으며 살 수밖에 없다. 그 모든 사람이 지옥의 불구덩이에서 영원히 고통을 당하며 지낸다는 것은 너무 가혹하다. 용서받을 수 없는 대죄(大罪)를 짓지 않은 한 우리가 살아가면서 하는 수 없이 지은 경미한 죄들, 즉 사면 가능한 죄들을 지우고 영원한 기쁨의 장소로 갈 수 있다는 것은 크나큰 희망이 아니겠는가.

연옥은 실로 중세 세계 최고의 발명품이며, 희망의 창안물이다.

저승 세계에 대한 고대적 상상

자크 르 고프, 『연옥의 탄생』중에서

중세의 연옥은 아주 옛날부터 통용되던 모티프들을 재활용했으니, 예컨대 암흑, 불, 고문, 시련과 통과의 다리, 산과 강 같은 것들이다. 반면 풀밭 같은 요소들은 받아들일 뻔했다가 포기했고 환생과 윤회는 처음부터 거부했다. 이 가운데 어떤 것들은 가톨릭의 연옥 개념에 더 직접적인 영향을 주었을 것이다. 예컨대 불이라는 모티프는 고대 인도로부터 서구 기독교 사회로 전해진 것이지만, 연옥의 불은 여러 시대에 걸쳐 곳곳에 존재했던 불의 모티프를 더한 것이다. 고대 문명의 저승 세계 모티프들 중 몇 가지 대표적인 것들을 살펴보자.

힌두교의 세 갈래 길

죽은 자들에게는 세 갈래 길이 주어지는데, 어느 길로 가게 되느냐는 그들의 공덕에 달린 것일 뿐 심판은 없다.

첫 번째 길은 불을 통과해 간다. 의인들은 "화염에서 낮으로, 낮에서 차는 달로, 차는 달에서 도는 해로, 도는 해에서 신들의 세계로, 신들의 세계에서 태양으로, 태양에서 섬광의 세계로 나아가, 이 섬광의 세계에서 그곳으로 그들을 도우러 오는 영적인 존재에 의해 브라만(우주의 궁극적 실체)의 세계들로 인도되며, 이 브라만의 세계들로부터 측량할 수 없이 먼 곳에서 살게 된다. 그들은 결코 돌아오지 않는다."

어느 정도의 공덕을 쌓은 자들은 "연기 속으로 들어가, 연기에서 밤으로, 밤에서 이우는 달로, 이우는 달에서 저무는 해로, 저무는 해에서 혼백들의 세계로, 이 세계에서 달 속으로 간다." 거기에서 그들은 신들에게 먹히며, 땅 위로 되돌아와 완성을 위한 환생과 재생의 윤회를 시작하는데, 그 하나하나가 낙원을 향한 단계이다.

끝으로, 돌이킬 수 없이 악한 자들은 "벌레나 곤충이나 짐승의 형태로" 징벌적 재생을 겪다가 마침내 지옥에 떨어진다.

이란의 불과 다리

이란에서 저승에 관한 교리와 이미지들 중 특히 인상적인 것은 불의 편재(遍在)이다. 조로아스터교 종말론의 특징적 양태들은 기독교의 연옥에 직접 영향을 미치지는 않았지만 그것을 상기시킨다. 심판 하기 전에 죽은 자들의 처소에 대해 '낙원' 같다는 해석과 '지옥' 같다는 해석 사이에서 주저한다는 사실 자체가 연옥과 비슷하다. 이 처소는 때로는 빛의 낙원이고 때로는 음산한 지하 세계, 비탈길을 따라 내려가게 되는 심연이다. 또 땅과 하늘을 이어 주는 다리, 죽은 자가 일종의 도덕적 힘과 재주의 시련을 위해 건너가는 다리가 있다는 점도 연옥을 생각나게 한다.

이집트의 지옥에 관한 상상

이집트의 역사는 대단히 길기 때문에 저승의 관념이나 이미지를 단순하게 요약하는 것은 거의 불가능하다. 이집트에서 특징적인 것은 죽은 자들의 심판이라는 관념이다. 아주 오래전에 만들어진 이 심판의 관념과 그에 대한 두려움과 희망은 이후 다른 문명에 큰 영향을 미쳤다.

이집트의 지옥은 아주 인상적이고 세련되었다. 그것은 성벽과 문들이 있는 광대한 지역으로, 거기에는 진흙 수렁이나 불못 따위에 둘러싸인 신비한 방들이 있다. 특히 인상적인 것은 죽은 자들이 산과 깎아지른 벼랑들을 기어 올라가야 한다는 점이다. 그곳에는 영혼과 육체 모두에 미치는 혹독한 형벌들이 많이 행해지는데, 유혈이 낭자한 것, 불에 의한 것들이 특히 많다. 그러나 이런 것들 중 기독교의 연옥과 직접 관련되는 것은 없다. 이집트에는 분명 연옥의 관념이 없다. 저승의 인간들은 모두 '복된 자들'과 '저주받은 자들'이라는 엄격히 대비되는 두 범주에 속할 뿐, 중간적인 상태나 정화의 과정 같은 것은 없다.

다만 여기에서 지적할 점은 기독교 기원을 전후하여 이집트 기독교 수도원들에서 지옥의 이미지들이 많이 나타난다는 점이다. 불못, 심연, 칼, 끓는 물, 악취, 불뱀, 괴물, 짐승의 머리를 가진 생물 등 유럽의 중세 문학에서 익숙한(그리

고대 이집트의 사후 심판 장면.

고 『해리 포터』 시리즈에서 다시 등장하여 도로 익숙해진) 이미지들을 많이 발견하게 된다. 근대 국가들은 지옥 개념의 상당 부분을 이집트에서 이어받은 것이 분명하다.

그리스·로마의 하계 방문

고대 그리스·로마가 기독교 저승 이미지에 기여한 바가 있다면 하계(下界) 방문의 주제이다. 그리스도에게서 다시 발견될 이 주제는 고대 그리스에서는 아주 친숙한 것이다. 오르페우스, 폴리데우케스, 테세우스, 헤라클레스 등이 모두 그림자들의 세계인 지옥으로 내려간다. 가장 유명한 지옥 하강 중 하나는 『오디세이아』 제11권에 나오는 율리시즈의 하강이다. 그러나 여기에는 원래 죽은 자들에 대한 심판이나 도덕적 제재, 징계로서의 고문 같은 것은 없었다. 호메로스의 지옥은 동양의 지옥에 비하면 빈약한 편이다. 지옥의 요소들 가운데 연옥의 발생에서 재발견될 것들로는 섬(예컨대 기르케의 섬), 바다 위로 깎아지른 동굴이 많은 산, 지옥과 같은 분위기의 아베르누스로 내려가는 이야기가 있다. ❋

오르페우스와 에우리디케.

죽음을 넘는
인간적 사랑의 세계

보카치오의 『데카메론』

흑사병(黑死病)은 인류 역사상 가장 참혹한 전염병 중 하나로 꼽힌다. 14세기에 유럽에 퍼진 이 병은 지역에 따라서는 한두 해 만에 인구의 3분의 1을 죽음으로 몰아넣을 정도로 엄청난 피해를 주었다. 『데카메론』은 이 무서운 전염병으로 인간 사회가 거의 송두리째 무너져 내릴 듯한 위기의 시대를 배경으로 한다.

1348년 피렌체에 이 '검은 죽음'이 들이닥쳤다. "이 전염병에는 어느 의사의 진단도, 어떤 약도 소용없었다. 병이 낫는 사람은 극히 드물었으며, 조금 늦고 빠른 차이는 있지만 대개 사흘 안에 죽었다." 이렇게 무서운 병이 걷잡을 수 없이 퍼지자 사회의 풍속과 세태도 변했다. 무조건 사람을 피하는 것이 상책이었으므로 어떤 사람은 집 안에 틀어박혀 살면서 외부의 일을 완전히 끊고 스스로 격리되었다. 또

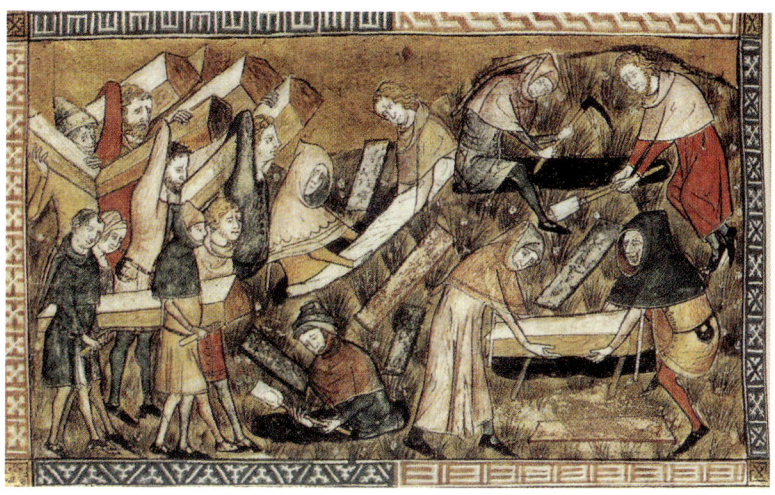

1347년에서 1352년 사이 유럽 전역에 번진 흑사병은 인류 역사상 가장 무서운 재앙 가운데 하나였다. 『투르네의 페스트 연대기』의 삽화. 투르네는 벨기에의 도시.

흑사병의 공포가 잘 드러난 당대의 그림.

어떤 사람은 죽기 전에 모든 향락을 다 누리려는 심정으로 실컷 마시고 노래 부르면서 돌아다녔다.

"그러는 동안 인간의 규범은 물론 하느님의 거룩한 법도의 권위도 땅에 떨어지고 말았다. 육체와 성에 관한 규범도 바뀌어서, 병을 핑계로 젊거나 늙거나 간에 여자들은 모두 아무 부끄러움 없이 남자 앞에서도 벌거벗은 몸을 내보일 정도로 풍속이 이상하게 바뀌어 가고 있었다. 장례식에서도 수도사가 엄숙하게 기도를 하는 일은 없어지고 구덩이에다가 아무렇게나 시체를 던져 넣기도 한다." 위기의 시대에 문명의 붕괴 조짐이 나타나고 있는 것이다.

이런 때에 피렌체의 양갓집 젊은이 열 명이 흑사병을 피해 교외의 빌라로 가서 안전하고 깨끗한 생활을 하기로 한다. 이 일곱 명의 여성과 세 명의 남성은 무료함을 달래려고 서로 돌아 가며 이야기를 하기로 한다. 매일 한 사람에 하나씩 열흘 동안 이야기를 해서 모두 100개의 이야기가 나오게 되었다. '데카메론'이란 고대 그리스어로 10을 나타내는 '데카'와 날을 나타내는 '헤메라'의 합성어이니 곧 '열흘'이라는 뜻이다. 100개의 이야기가 다 걸작이라고 할 수는 없지만, 전

데카메론의 이야기를 그린 워터하우스의 그림, 1916년.

반적으로 생기 넘치는 위대한 작품이라는 것은 의심할 여지가 없다.

인문학적 교양이 철철 넘쳐나는 활달한 청춘 남녀 열 명의 입을 통해 그려 내는 데카메론의 세계는 어떤 곳일까? 지리적으로 보면 물론 이탈리아, 특히 피렌체가 가장 큰 비중을 차지하지만 아르메니아에서 에스파냐까지, 이집트에서 영국까지 포괄하는 넓은 세계를 무대로 하고 있고, 등장인물들의 면면을 보면 귀족으로부터 수도사, 농민, 하인, 도둑에 이르기까지 사회의 거의 모든 계층을 망라하고 있다. 실로 광범위하고도 다양한 세계를 세세한 필치로 그려 내고 있는 것이다. 이 세계의 성격을 일률적으로 단정할 수는 없지만, 우리가 흔히 '중세'라고 부르는 시대와는 분위기가 완연히 다르다는 것은 분명하다. 보카치오(1313~1375)는 죽음의 공포가 넘실대는 황량한 시대의 일각에서 "다시 탄생하고 있는"(이것이 바로 르네상스의 원뜻이다)

새로운 세계의 여러 면모들을 그려 내고 있다.

무엇보다도 이 작품에서는 기독교에 대한 무조건적인 옹호나 복종은 눈 씻고 봐도 찾을 수 없다. 예컨대 첫날 두 번째 이야기는 노골적으로 기독교에 비판적이다. 파리에 사는 신심 깊은 한 상인에게 유대인 친구가 있었는데, 그는 이 유대인에게 늘 기독교로 개종하라고 충고를 했다. 그의 성실한 권유에 감명받은 유대인은 마침내 진지하게 개종을 고민하게 되었는데, 다만 직접 로마에 가서 교황과 추기경들의 행태를 살펴보고 마음을 정하기로 한다. 그러자 상인의 가슴이 철렁 내려앉는다. '이 사람을 개종시키려던 노력이 수포로 돌아가는 모양이군. 로마 교황청에 가서 성직자들의 그 더러운 악덕 생활을 보면 유대교에서 기독교로 개종하기는커녕 기독교에서 유대교로 개종할 텐데.'

아니나 다를까, 로마에 갔다 온 유대인 친구가 말하는 감상은 이런 식이다. 로마에서는 위의 높은 사람부터 아래 낮은 지위의 사람까지 모두 불결하기 짝이 없는 음탕한 생활을 하고 있다. 양심의 가책이나 염치도 없이 여색과 남색에 빠져서 무슨 큰일을 할 때조차 매춘부나 미소년들이 이들에게 적지 않은 영향을 미치고 있다. 모두 주정뱅이에다가 야수처럼 먹어 대며, 돈이라면 사족을 못 쓰는 욕심쟁이들이다. 신성함, 헌신, 선행 같은 것은 아무리 둘러봐도 찾아볼 수 없으니, 모두 하느님 일에 종사한다기보다는 악마의 일을 도와준다는 느낌이다! 그러나 이 유대인은 교황이나 고위 성직자를 보고 마음을 정한 것이 아니라, 오히려 자신에게 개종을 권한 친구와 같은 일반 신자들의 성실한 신앙심에 감동받아 기독교로 개종하겠다고 말한다.

나는 아홉째 날 두 번째 이야기를 가장 재미있게 보았다.

롬바르디아에 있는 규율이 엄격한 수녀원에 미모가 뛰어난 이자베타라는 젊은 수녀가 있었다. 어느 날 친척들이 면회를 왔는데 그중에 끼어 있던 젊고 잘생긴 총각과 그만 눈이 맞았다. 이 총각은 급기야 수녀원에 몰래 숨어 들어가는 방법을 알아내서 두 사람은 여러 번 밀회를 즐기게 되었다. 그러나 꼬리가 길면 들키고 마는 법. 어느 날 몰래 수녀원을 빠져나가는 총각을 한 수녀가 보게 되었고, 곧 모든 수녀들에게 소문이 쫙 퍼졌다. 수녀들은 이왕이면 덕성 높으신 수녀원장과 함께 불륜의 현장에서 직접 이자베타를 붙잡겠다고 벼르고는 밤마다 그녀를 감시하였다. 이런 줄도 모르고 이자베타는 어느 날 밤 또 애인을 방으로 불러들였다. 수녀들은 곧장 원장 방으로 달려가서 문을 탕탕 두들기면서 소리쳤다. "원장님, 빨리 일어나세요. 이자베타가 젊은 사내를 방으로 끌어들였답니다."

그런데 사실 수녀원장으로 말하자면 지금까지 종종 큼직한 궤짝에 사제를 숨겨서 방으로 들여 밀회를 즐기었고, 마침 이 순간에도 그 사제와 함께 있었다. 그런데 갑자기 수녀들이 달려와서 문을 두드리는 바람에 깜짝 놀랐지만 곧 사태를 파악하고는 침착하게 대처하려 했다. 그런데 어두운 가운데 옷을 챙겨 입다 보니 두건을 쓴다는 것이 그만 사제의 팬티를 머리에 쓰고 말았다. 원장은 방 밖으로 나오며 소리를 질렀다. "그 뻔뻔스러운 계집이 어디 있느냐?"

원장과 수녀들 모두 정신없이 달려가서 이자베타의 방문을 억지로 열어젖히니 두 젊은 남녀가 침대 위에서 꼭 끌어안고 있었다. 사람들은 가련한 이자베타를 집회실로 끌고 갔다. 원장은 수녀원의 신성함과 순결이 음란한 행위와 파렴치한 행동으로 더럽혀졌다고 이자베타에게 심한 비난을 퍼부었다. 한마디도 못하고 오돌오돌 떨고 있던 이자베타가 겨우 고개를 들고 보니 원장이 머리에 남자 팬티를 두르고 있고 그 끝이 대롱거리고 있지 않은가. 안도의 숨을 쉬며 이자베타는 이렇게 말했다. "원장님, 두건 끈을 매고 말씀해 주세요." 원장은 처음에는 무슨 말인지 모르고 계속 야단을 쳤으나, 이자베타가 두건 끈을 매라는 말씀을 거듭 올리자 그때에야 자기가 머리에 남자 팬티를 두르고 있다는 것을 알게 되었다. 다른 수녀들도 그제야 고개를 돌려 원장을 보고 사태가 어떻게 돌아가고 있는지 파악하게 되었다. 원장은 곧바로 설교의 내용과 말투를 바꿔서, 인간이 육신의 자극으로부터 몸을 지킨다는 것은 불가능하다는 말로 결론을 내린다. 그래서 지금까지 그랬던 것처럼 몰래 할 수 있을 때에는 각자 적당히 해도 상관없다고 말한다.

> 이렇게 해서 원장은 젊은 수녀를 용서한 다음, 다시 사제와 동침하기 위해 자기 방으로 돌아가고 이자베타는 애인과 자기 위해 방으로 돌아갔습니다. 그 뒤부터는 선망의 시선을 보내는 다른 수녀들에게 보란 듯이 자주 그 청년을 끌어들이게 되었습니다. 그리고 애인이 없던 다른 수녀들도 때를 만난 듯 몰래 사랑의 모험을 찾아 애인을 구하기 시작했다는 것입니다.

이 이야기를 들은 나머지 아홉 사람의 반응 역시 뜨겁기 그지없다. "이야기가 끝나자 모두들 질투심 많은 수녀들로부터 시달림을 받던 젊은 수녀를 쾌히 구해 주신 하느님께 감사를 드렸습니다."

이런 식으로 그려진 『데카메론』의 세계는 분명 이전 사회와는 다른 가치를 지향한다. 신성한 기독교를 지키기 위해 기꺼이 이교도들을 칼로 베고 저세상의 영원한 복을 구하기 위해 홀로 조용히 명상에 잠기던 때는 지나가 버렸고, 이제 이 세상에서 각자 자신이 원하는 행복을 추구하는 일이 중요해졌다. 지난 시대에는 악덕으로 몰릴 행위에 대해서도 이제는 사회가 관용(tolerance)의 덕을 보인다.

무엇보다도 이 작품에서 두드러진 특징은 여성들의 비중이 매우 높고 또 여성의 지위가 놀라울 정도로 개선되어서 때로는 기존 법률과 도덕에 대해 과감한 개혁을 요구하기도 한다는 점이다. 예컨대 여섯째 날 일곱 번째 이야기는 당시 형편으로 보면 놀라울 정도로 혁신적이다.

옛날 프라토 지방에서는 간통을 하다가 발각된 여인은 화형에 처했다. 필리파라는 미모의 여인이 불륜 현장에서 남편에게 발각되어 법정에 넘겨졌다. 필리파는 구질구질하게 자기 죄를 부인하는 대신 당당하게 이렇게 항변한다. "법률이라는 것은 평등해야 하지 않겠습니까? 그리고 거기에 관계되는 모든 사람들의 동의를 받아서 만들어야 합니다. 그런데 이 법은 그렇지 않습니다. 부인은 남자보다 많은 사람을 만족시킬 수 있음에도 부인만 심히 구속하기 때문입니다. 그뿐 아니라 이 법이 만들어질 때 여자들 중에는 아무도 동의한 사람이 없으며 의견을 피력한 사람도 없습니다. 그러므로 이 법은 악법이라 불러 마땅합니다."

그러고는 재판관에게 남편을 불러서 그가 원했을 때 자기가 거부한 적이 있는지 확인해 보라고 요구한다. 남편은 자기가 원할 때마다 부인이 다 만족시켜 주었다고 선선히 대답한다. 의기양양한 부인은 이렇게 말한다. "남편은 언제나 나에게서 쾌락을 얻었고, 다른 한편 나는 그래도 주체하지 못하는 것이 있을 때 어떻게 처리하는 게 맞습니까? 개에게라도 던져 주어야 하나요? 괜히 허비하거나 썩혀 버리는 것보다는 나를 자기 목숨보다도 더 사랑하는 한 귀족의 필요에 응하는 편이 낫지 않나요?" 법정에 모인 사람들은 이구동성으로 부인 말이 맞다고 소리쳤고, 결국 이 잔인한 법이 개정되었는데, 그러는 동안 남편은 맹하게 지켜보다가 하릴없이 법정을 나서고 말았다.

보카치오 상. 우피치 미술관.

『데카메론』은 100가지의 다양한 상황을 설정해 놓고, 그 속에서 인간은 어떤 존재이며 어떻게 사는 것이 좋은지 탐구한다. 이 소설을 통해 보카치오가 반종교적, 반도덕적 태도만 주장한다고 할 수는 없다. 그보다는 차라리 도덕이나 종교에 대해서는 '중립적'인 입장이라고 말하는 것이 타당할 것이다. 인간은 물론 운명의 힘에 휘둘리며 고난을 겪기도 하고 고통받기도 하지만 때로 참고 견뎌 내고, 때로 자신의 기지를 발휘하여 역경을 헤쳐 나간다. 이때 기준이 되는 것은 교회의 가르침이 아니다. 이제 신의 생각이 어떠한지 더듬어 헤아리기보다는 인간 자신이 어떻게 행동하는가가 더 중요하다.

그렇다면 이런 식으로 인간 사회에 대한 탐구와 고찰을 한 끝에 저자가 하고 싶었던 이야기는 무엇일까? 보카치오는 결국 이 세상의 사랑에 대해 말하려고 했던 것이 아닐까? 이 책의 부제가 '갈레오토 공 이야기'라는 것이 그 점을 일러 주는 하나의 힌트이다. 갈레오토는 유명한 중세 설화인 『랜슬롯 이야기』에서 랜슬롯과 아서 왕의 왕비 귀네비어 사이를 오가며 사랑의 경쟁자 겸 사랑의 메신저 역할을 하는 인물이다. 갈레오토처럼 사랑의 이야기를 전해 주고자 하는 것이 보카치오의 의도라 짐작된다.

'갈레오토'와 관련된 또 한 가지 중요한 일화는 단테의 『신곡』 중 「지옥편」에 등장하는 유명한 파올로와 프란체스카 이야기이다. 육욕의 죄를 범한 망령들이 갇혀 있는 지옥의 두 번째 고리에서 사랑의 광풍에 대한 벌로 거친 폭풍에 이리저리 떠밀려 다니고 있는 두 사람을 단테가 만나는 장면이 있다. 원래 프란체스카가 사랑했던 사람은 파올로였으나 속아서 그의 형인 장지오토와 결혼하게 되었다. 형수와 시동생으로 만나게 된 두 사람은 어느 날 함께 『랜슬롯 이야기』를 읽는다. 파올로와 프란체스카의 영혼이 그 장면을 회상하여 단테에게 말하는 장면은 이렇게 묘사되어 있다.

"애인이 뜨겁게 바라보던 상대의 미소짓는 입술에
입맞추는 구절을 읽었을 때
이분은 떨면서 나에게 입맞추었습니다.
그리고 나에게서 영원히 떠날 수 없게 되었지요.
그 책을 쓴 이는 갈레오토입니다.

그림 왼쪽은 『랜슬롯 이야기』를 읽다가 키스하는 파올로와 프란체스카를, 오른쪽은 지옥의 폭풍에 떠밀리는 두 사람을 보여 준다. 가운데에서 단테와 베르길리우스가 연민의 눈길을 보내고 있다. 단테 가브리엘 로세티의 그림, 1855년.

우리는 그날 더 이상 책을 읽지 못했습니다."
한 사람의 혼이 이렇게 이야기하는 동안
다른 한 사람의 혼은 하염없이 울고 있었다.

늘 단테를 염두에 두고 있던 보카치오는 분명 이 구절에서 그의 책 부제를 따왔을 것으로 보인다.

이 세상이 참담하게 무너져 내리는 시대, 죽음의 힘이 세상을 지배하는 고해화택(苦海火宅, 이 세상은 괴로움의 바다요 불붙은 집과도 같다는 말)의 세계에서 생의 의미를 다시 구하기 위해서는 무엇보다도 사랑이 필요하다. 그러나 그 사랑은 우리가 살아가는 이 사회를 초월한 추상적 사랑이 아니다. 인간은 성스러움과 사악함이 함께 있는 존재이다. 이런 불완전한 인간에게 불가능한 한계 이상을 억지로 하게 해서는 안 된다. 사람들에게 모두 거룩한 성자가 되라고 요구할 수는 없지 않은가. 육체적 사랑이든 정신적 사랑이든 우리 인간이 할 수 있는 범위 안에서 우리가 행하는 사랑으로 이 세상에서 위안을 얻으며 살아갈 수 있을 뿐이다. 그리고 그 사랑의 힘이 새로운 세계를 태어나게 하리라.

흑사병

페스트가 유행하던 때에 새부리 모양의 가면을 쓰고 진료하는 의사의 모습. 부리는 흑사병을 막을 수 있다고 여겨지던 향료와 약초 같은 것으로 채웠다.

14세기에 흑사병, 즉 선페스트가 세계적으로 유행했다. 그 원인으로는 인구 증가와 그로 인한 자원 부족, 전쟁의 폐해, 환경 변화 등을 꼽는다. 1300년 무렵에는 춥고 습한 날씨로 흉작과 기근이 잦았으며 많은 도시에서 아사자가 생겨났다. 이런 상황에서 중앙아시아에서 페스트균을 보유하고 있는 설치류들이 몽골의 기마군대와 함께 아시아 각지로 퍼져 나갔고, 그 결과 페스트가 만주에서 우크라이나까지 널리 퍼졌다. 1340년에 아랍의 연대기 작가들은 몽골에서 아르메니아까지 사람들이 연쇄적으로 죽어 갔다고 기록했다.

1346년, 흑사병은 카라반의 이동 경로를 따라 카파(지금 우크라이나의 페오도시야)라는 크림 반도의 항구에 도달했다. 이 도시는 3년 동안 킵차크한국의 통치자 야니벡의 포위 아래 있었는데, 이때 제노바의 상인들도 성안에 함께 갇혀 있었다. 그러다가 흑사병이 몽골군을 습격하자 야니벡은 살아남은 병사들과 함께 철수했다. 이때 전설적인 사건이 일어난다. 야니벡은 공성기(캐터펄트)를 이용해서 흑사병으로 죽은 시체들을 성안으로 날려 보낸 것이다. 포위된 사람들은 시체를 성 밖으로 다시 던졌지만 페스트균이 성안으로 들어온 것은 분명했다. 1347년에 제노바 상인들이 자유를 되찾아 고향으로 귀국했을 때 감염된 쥐와 병균도 함께 들여왔을 것으로 보인다. 그들이 닿은 곳마다 흑사병이 나타났다고 보고되었기 때문이다. 제노바와 베네치아 상인들은 병을 이탈리아 전역으로 날랐고 다시 이곳으로부터 유럽 전역으로 전염병이 퍼져 갔다.

그러나 당시 사람들은 전염이라는 개념조차 가지고 있지 않았다. 사람들은 장기(瘴氣, 축축하고 더운 땅에서 생기는 독한 기운), 지진, 혜성, 나환자, 집시, 그리고 특히 유대인들을 탓했다. 그 결과 전 유럽에서 유대인 학살이 일어났으니, 예컨대 마인츠에서만 1만 2000명의 유대인들이 산 채로 불타서 죽었다. 파리대학교 의학부 교수들은 1345년 3월 20일에 토성, 화성, 목성이 물병좌에 연결된 것이 이 병의 원인이라고 교황에게 보고했다. 역병은 신의 천벌이라고 생각한 것이다.

 연인 라우라를 흑사병으로 잃은 페트라르카(1304~1374, 이탈리아의 시인이자 인문주의자)는 후세 사람들은 이 시대의 이야기를 오로지 꾸민 이야기로 여기리라고 생각했다. 텅 빈 집, 버려진 마을, 사람들의 광기, 도처에 퍼진 죽음의 그림자를 상상할 수 없을 것이라는 거다. 살아남은 사람들이 직접 눈으로 보고도 믿기 힘든데 하물며 경험하지 못한 사람들이야! 당시 연대기 작가들의 기록은 여전히 우리의 상상력을 자극한다. 죽은 엄마의 젖을 빠는 아기, 고급 의복과 보석을 걸친 채 텅 빈 저택을 어슬렁거리는 마을의 유일한 생존자, 거리에서 벌어진 벌거벗은 사람들의 주연(酒宴), 시체들만 태운 채 바다 위를 떠다니는 유령선 등에 관한 이야기가 그런 것들이다. ✺

〈아슈도드의 페스트〉. 니콜라스 푸생의 그림, 1630년. 아슈도드는 이스라엘 남부의 도시.

아랍 상업 세계와 문학

「선원 신드바드와 짐꾼 신드바드」

「선원 신드바드와 짐꾼 신드바드」는 『천일야화』(千一夜話), 일명 『아라비안나이트』에 포함된 유명한 이야기이다. 잘 알려진 대로 『천일야화』의 전체 틀은 샤라자드라는 현명한 여인이 샤리아르 왕에게 1000일 하고도 하룻밤 동안 들려주는 이야기 모음으로 되어 있다.

어느 날, 샤리아르 왕은 사마르칸트의 왕으로 있는 아우가 보고 싶어서 자기 왕궁으로 부른다. 아우는 초대에 응하여 여행 짐을 싸서 길을 떠났다. 그런데 떠난 지 하루 만에 가지고 가려던 짐을 두고 온 것이 생각나서 밤에 살그머니 왕궁으로 돌아갔다. 그런데 이게 웬일인가! 왕비가 요리사와 함께 침대에 누워 있지 않은가. 그는 두 사람을 칼로 베고, 다시 여행을 떠나서 샤리아르 왕을 만났다. 슬픈 기색을 감추지 못하는 아우를 보며 샤리아르 왕은 의아해하지만, 사실은 그 역시 같은 문제를 안고 있었다. 두 형제가 사냥을 가는 척하며 왕궁을 떠났다가 몰래 되돌아와서 보니 왕비와 후궁들이 노예들과 음탕한 짓을 하는 것이 아닌가.

두 형제는 참담한 심정을 이기지 못하고 궁전을 떠나 하염없이 걷다가 바닷가에 이르렀다. 이곳에서 쉬고 있던 두 사람은 홀연 바다에서 마신(魔神, Jinni)이 솟아 나오는 것을 보게 된다. 나무 위에 몸을 숨기고 지켜보고 있노라니, 마신이 수정 궤짝을 여는데 그 안에서 젊고 예쁜 여인이 나온다. 마신은 이 젊은 여인을 납치한 후 아무도 그녀의 순결을 빼앗지 못하도록 궤짝에 감금해 두고는 이따금씩 그렇게 여자를 꺼내 들여다보곤 하는 것이다. 이윽고 마신은 깊은 잠에 들었는데, 그러자 놀랍게도 그 여인이 나무 위에 있는 두 형제를 보

이야기를 들려주는 샤라자드. 『아라비안나이트』의 삽화, 1892년.

고는 내려오라고 시켜서, 만일 자신의 말을 듣지 않으면 마신을 깨워 죽이게 하겠노라고 협박하며 강제로 사랑을 나누었다. 그러고는 자신과 정사를 가진 남자들은 모두 반지를 내놓아야 한다며 두 형제의 반지를 빼앗아 가지는데, 그녀의 지갑 안에는 이미 570개의 반지가 들어 있었다!

"우리보다도 훨씬 힘이 센 마신을 그 여자가 어떻게 주무르는지 생각해 보라. 마신은 우리들에게 닥친 불행보다 더 큰 불행을 겪고 있는 것이다. 궁전으로 돌아가자. 이후로 여자들과는 절대로 결혼하지 말도록 하자. 가까운 시일 안에 여자들에게 확실한 대가를 치르도록 해 주겠다."

이런 말을 하며 두 형제는 왕궁으로 돌아갔다. 샤리아르 왕은 왕비와 모든 후궁들과 노예들을 참살하고 나서, 매일 밤 처녀를 불러다가 잠자리를 같이하고는 이튿날 아침에 목을 베어 죽여 버렸다. 이런일이 3년 동안 계속되자 마침내 백성들은 왕을 저주하고 그의 치세가 끝나게 해 달라고 알라께 빌었다. 드디어는 처녀를 찾아와야 하는 대신이 아무리 돌아다녀도 한 사람도 발견하지 못하게 된다. 이 대신에게는 샤라자드('도성의 해방자'라는 뜻)와 두냐자드('세계의 해방자'라는 뜻)라는 두 딸이 있었는데, 샤라자드는 근심에 빠진 아버지에게 자신이 직접 왕에게 가겠다고 나선다. 그리고 동생 두냐자드에게 일러서 그날 밤에 자신이 부르면 왕궁으로 찾아와서 이야기를 청해 달라고 부탁했다. 샤라자드는 매일 밤 왕에게 재미있는 이야기를 들려주되 일부러 이야기를 끝마치지 않음으로써 왕이 다음 날 밤에 이야기를 마저 듣고 싶은 마음이 들도록 만들었다. 천하룻밤 이야기를 듣는 동안 왕은 마침내 마음을 돌리게 되었다. 이야기(문학)의 힘이 왕의 잔혹한 광기를 순화시킨 것이다. 그리하여 샤리아르 왕은 샤라자드와, 그리고 왕의 동생은 두냐자드와 각각 결혼하였다.

「선원 신드바드와 짐꾼 신드바드」는 538일째 밤에 시작되어 566일째 밤까지 계속되는 『천일야화』의 133번째 이야기이다.

어느 날, 바그다드에 사는 한 가난한 짐꾼이 어떤 부잣집 앞에서 자신의 불운한 신세를 한탄하는 노래를 불렀다. 그러자 그 집 주인인 선원이 노래를 듣고 그를 안으로 불러들인다. 이름을 물어보니, 마침 가난한 짐꾼이나 부자 선원이나 둘 다 똑같이 신드바드였다. 선원 신드바드는 자신이 부귀영화를 누리고 대저택을 소유하게 된 것은 많

신세를 한탄하는 짐꾼 신드바드. H. J. 포드의 삽화, 1898년.

은 고생을 하고 위험을 극복했기 때문이었다며, 모두 일곱 번에 걸친 자신의 항해 이야기를 들려준다. 젊었을 때 그는 방탕한 생활을 하느라고 아버지한테 물려받은 큰 재산을 모두 날린 다음 이를 만회하기 위해 배를 타고 외국에 나가서 무역을 했다. 매번 모험담의 구조는 비슷하다. 배가 난파하여 가까스로 목숨을 건져 어느 섬에 상륙한 다음 환상적인 모험을 한 끝에 큰 부를 얻는다. 그리하여 바그다드로 되돌아와서 호화로운 생활을 하지만 얼마 안 있어 모험에 대한 욕구가 끓어올라 다시 바다로 나가는 것이다. 이 모험 이야기들은 아마도 문학적 상상력의 최고봉이 아닐까 싶다.

첫 번째 모험에서는 항해 중에 사람들이 잠깐 어떤 섬에 올라가서 불을 피웠는데, 알고 보니 그것은 섬이 아니라 큰 물고기로서 오랫동안 등 위에 모래가 쌓이고 나무가 자라서 섬처럼 보였던 것이다. 사람들이 불을 피우자 이 물고기가 바닷속으로 들어가는 바람에 신드바드는 바다에 빠졌다가 어느 낯선 섬에 도착한다. 이곳에서 그는 바닷속에 사는 말(海馬)의 씨를 받는 일을 해 주고 그 대가로 돈을 번다. 그런데 어느 날 우연히 그가 바그다드를 떠날 때 탔던 배를 다시 만나게 되어 자신의 화물을 되찾고, 이 상품으로 장사를 해서 돈을 벌어 귀국한다.

두 번째 모험에서는 코끼리를 잡아다가 새끼에게 먹일 정도로 거대한 새 로크(또는 '루흐'라고도 한다)가 나온다. 신드바드는 다이아몬드가 많이 나는 계곡에 떨어졌는데, 큰 고깃덩이리에 몸을 숨겨 큰 새가 그 고기를 자기 둥지로 가져가는 것을 이용해서 탈출한다. 그는 계곡에서 집어 가지고 온 다이아몬드를 팔아서 얻은 돈으로 상품을 산 다음 이 도시 저 도시로 여행을 하다가 귀국한다.

세 번째 모험에서는 "눈은 불길처럼 무섭게 빛나고 송곳니는 멧돼지 어금니 같으며, 낙타와 같은 길

신드바드의 배를 공격하는 큰 새 로크.

쭉한 입술을 가슴까지 늘어뜨리고 거룻배만 한 귀는 어깨를 덮고 있는" 괴물이 등장하여 선원들을 잡아먹는다. 괴물은 사로잡힌 선원들을 하나씩 손으로 어루만져서 살이 쪘는지 살펴보고는 살진 사람을 붙잡아서 꼬챙이에 꿰어 불에 구워 먹는 것이다. 이 괴물은 그리스 신화에 나오는 외눈박이 괴물 키클롭스를 연상시키는데, 과연 신드바드는 오디세우스가 그랬듯이 쇠꼬챙이를 불에 달구어 괴물의 눈을 찌른 다음 배를 타고 도망간다. 천신만고 끝에 어느 이름 모를 섬에 도착했는데, 이번에는 이무기가 나와서 동료들을 통째로 집어삼키고 만다. 가까스로 화를 면한 그는 이번에도 예전에 자기 짐을 실었던 배를 다시 만나게 되어서 화물을 도로 찾아 장사를 한 다음 큰돈을

벌어 귀국한다.

　그다음 번 모험들에서도 역시 흥미진진한 이야기가 전개된다. 네 번째 모험은 부부 중 한쪽이 죽으면 남은 사람을 순장하는 관습 때문에 시체와 함께 지하 동굴에 갇혔다가 가까스로 탈출하는 이야기인데, 인도에서 남편이 죽으면 화장할 때 부인을 함께 태워 죽이는 풍습인 사티와 관련이 있어 보인다. 신드바드는 순장되어 들어오는 여인들을 "해골의 다리뼈로 정수리를 내리쳐서" 죽이고는 음식과 보석들을 빼앗아 연명하다가 가까스로 출구를 발견하고 탈출한다.

외눈박이 괴물을 만난 신드바드.

　다섯 번째 모험에서는 사람을 속여서 자신을 업게 한 다음 등에 찰싹 붙어 절대 떨어지지 않고 발로 차며 노예처럼 부려먹는 '바다의 노인'(샤이호 알 바르)이 등장하는데 신드바드가 이런 불행한 상태에 빠지고 만다. "노인은 낮이고 밤이고 내 등에서 내리는 일 없이 대소변도 어깨나 등에 그냥 흘리며, 게다가 졸리면 다리를 나의 목에 감은 채 등 위에서 그대로 자고, 잠시 후에 깨면 또다시 때린다." 신드바드는 술을 먹여서 노인을 땅에 떨어뜨린 다음 큰 돌로 얼굴을 내리쳐서 죽이고 도망친다. 또 사나운 원숭이에게 돌을 던지면 원숭이들이 그에 대응해 코코넛 열매를 던지는 것을 이용해서 장사를 하여 돈을 번

이야기도 흥미롭다.

여섯 번째 모험에서는 배가 항로를 벗어나는 바람에 사란디브(실론을 가리킨다) 섬에 가게 되는데, 이곳은 강에 다이아몬드와 루비가 굴러다니고 골짜기에서는 진주가 나는 곳이다.

마지막 일곱 번째 모험은 특히 환상적인 성격이 강하다. 이번에도 역시 신드바드는 배가 난파당한 후 뗏목을 타고 흘러가다가 어떤 먼 나라에 도착하게 되었는데, 그곳에서 어느 노인의 호의로 사업을 하게 되

신드바드의 등에서 절대로 떨어지지 않는 노인.

고 또 그의 딸과 결혼까지 한다. 그런데 이 도시의 남자들은 매월 초순에는 얼굴과 온몸이 새로 변하여 하늘로 날아가는 것이 아닌가. 신드바드는 그중 한 사람에게 부탁해서 그의 등에 타서 하늘 끝까지 올라가 본다. 그곳에서 천국의 신을 찬미하는 천사들의 음성을 듣고 신드바드는 "알라를 찬양하노라." 하는 문구를 입 밖에 냈는데 그러자 갑자기 하늘 한켠에서 불길이 치솟아서 일행 대부분이 그 불에 타 죽고 살아남은 사람들은 그를 저주하며 도망쳤다. 알고 보니 이 도시 사람들은 그가 결혼한 집 사람들만 빼고 '악마의 일족', 다시 말해서 이슬람교가 아닌 다른 종교를 믿는 사람들이었던 것이다. 27년에 걸친 마지막 여행을 마치고 고향으로 돌아온 신드바드는 이제 더 이상 바

이슬람 문화권은 상업에 매우 긍정적인 관념을 갖고 있다. 모로코 외곽에 도착한 아랍 상인들. 에드윈 로드 위크스의 그림, 1882년.

다로 나가는 것을 그만두고 바그다드에 정착해서 살기로 한다.

「선원 신드바드와 짐꾼 신드바드」는 원래 중동 지역과 페르시아, 고대 그리스 세계에 널리 퍼져 있던 고대의 시가들을 바탕으로 해서 지어진 것으로 보인다. 세상을 방랑하다가 고향으로 귀환하는 구성은 호메로스의 『오디세이아』를 연상시킨다. 그런데 기본 틀은 이처럼 오래된 문학 전통을 차용한 것이라고 해도 이야기의 구성 요소들은 많은 부분 인도양 상업 세계의 현실에서 길어 온 것들이다. 그래서 거짓말 같은 내용 이면에 실제 상인들의 활동상을 곳곳에서 찾아볼 수 있다. 이 작품에서는 말, 진주, 장뇌, 정향, 생강, 후추, 용연향, 코코넛 등 중동 지역과 동남아시아, 아프리카에서 나는 이국적인 상품들이 거론되는 것을 볼 수 있다.

인도양 세계의 특징은 문화와 종교가 다른 사람들 사이에서도 평화롭게 거래를 할 수 있다는 것이다. 그래서 이슬람교를 믿는 아랍 상인과 힌두교를 믿는 인도 상인, 유교를 믿는 중국 상인들 간에 교역이 가능했다. 다른 종교를 믿는 사람들을 '악마의 일족'이라고 생각하고, 또 다른 나라의 관습이 야만적이고 신의 뜻에 맞지 않다고 비판하면서도 어쨌든 서로 만나고 장사하는 것을 꺼리지 않는 것이다. 아랍 상인들의 활동은 대단히 활기차게 펼쳐져서 동남아시아를 넘어 중국의 큰 항구 도시에까지 들어가서 교역을 했으며, 그래서 예컨대 츠통(오늘날 복건성의 치엔주) 같은 곳에는 수만 명이나 되는 아랍 상인들이 몰려 사는 거류지가 형성되어 있었다. 상인들은 한 곳에서 물건을 사고파는 일을 하여 이익을 남기고 다음번 거래를 할 상품을 구한 다음 다른 곳으로 가서 다시 같은 방식으로 거래를 했다.

나는 후추·정향·계피 등이 많이 나는 섬에 들렀습니다. 나는 이 섬에서 코코넛을 팔고 그 대신 후추·정향·계피를 잔뜩 사들였습니다. 그리고 코모린 침향을 산출하는 알 우시라트라는 섬으로 건너갔다가, 다시 뱃길로 닷새 걸리는 다른 섬에도 갔습니다. 그곳은 코모린 침향보다도 훨씬 품질이 우수한 중국 침향의 산지였습니다. 다음에 우리가 들른 곳은 진주조개가 채취되는 곳이었습니다. 나는 잠수부들에게 코코넛을 주고 진주를 얻었습니다.

이런 상업 여행의 연쇄적인 네트워크가 조직되어 있는 인도양은 그야말로 '알라의 연못'으로서 이슬람 상인들이 안전하게 항해하며 장사를 하는 무대였다.

이슬람교를 창시한 마호메트가 상인 출신이어서 그런지 이슬람권에서는 상업에 대한 관념이 긍정적이었다. 이 작품에서도 천신만고 끝에 큰돈을 모으는 상인이 좋은 평가를 받고 있다. 짐꾼 신드바드가 자신의 가난함을 한탄하며 "이 몸의 운명은 기구하기도 해라 / 무거운 짐을 지고 허덕일 뿐이네 / 하지만 이 세상엔 복이 많아서 / 불행을 모르는 사람도 많이 있도다" 하는 노래를 한 데 대해 선원 신드바드는 "고생 끝에 출세를 하여 / 이름을 떨치고자 하는 사람들은 / 밤잠도 제대로 자지 않는다 / 진주를 가지고 싶으면 / 바닷속 깊이 들어가서 / 열심히 찾아야 / 비로소 보물이 손에 들어온다"는 노래를 들려주지 않는가. 실제 신드바드는 매번 고생스러운 여행을 마치고 돌아와서도 곧 장사를 벌이고 싶다는 생각을 하고는 다시 바다로 나간다.

> 어느 날 상인들이 찾아와서 내 옆에 앉아 이국과의 무역이나 장사에 대한 이야기들을 했습니다. 그들의 이야기가 나의 마음속에 도사리고 있는 악마의 존재를 일깨워, 나는 또다시 상인들과 이국에 가서 그곳의 풍물을 접하고자 하는 욕구에 사로잡혔습니다. 즉, 여러 민족과 어울려 장사를 하여 돈을 벌고 싶어졌던 것입니다.

그렇다고 이들이 완전히 물신주의에 빠져 돈의 노예가 되는 것은 아니다. 부에 대한 지나친 집착이나 방탕한 생활은 악마의 유혹에 빠진 것으로 비난받으며, 따라서 큰돈을 벌어서 귀향한 주인공은 늘 가난한 이웃과 부를 나눈다. "귀국한 나는 알라에게 헌금하고 미망인이나 고아들에게는 의복과 양식을 나누어 주었으며, 친척이나 친구들에게는 선물을 보냈습니다."

이상적으로 말한다면, 선원 신드바드의 용기와 짐꾼 신드바드의 소박한 절제심이 잘 어우러져야 가난하지도 않고 또 우리 영혼이 돈에 휘둘리지도 않는 행복한 삶을 살 수 있으리라.

무사도란
죽는 일이다

『주신구라』

우리나라의 『춘향전』에 견줄 만한 일본의 대표적인 국민 문학 작품인 『주신구라』(忠臣藏)는 실제 역사적 사건을 배경으로 하고 있다. 그 발단은 겐로쿠 14년, 서력으로는 1701년에 에도(도쿄의 옛 이름) 성에서 일어난 칼부림 사건이었다. 당시 천황은 명목상의 군주에 불과하고 실질적인 중앙 권력은 쇼군(將軍)이 장악하고 있었으며, 지방에서는 다이묘들이 반(半) 자치 정부인 한(藩)을 구성하여 통치하고 있었으니, 이러한 쇼군과 한의 이중 권력 구조를 바쿠한(幕藩) 체제라고 한다.

쇼군은 매년 정월에 교토에 있는 천황에게 신년 축하 사절을 보내고, 그러면 이에 대한 답례로 천황이 에도에 칙사를 파견했다. 이 해에 칙사를 대접하는 일은 아코 한의 영주인 아사노 다쿠미노카미 나가노리와 요시다 한의 영주인 다테 사교노스케 무네하루가 맡았고, 의례에 정통한 기라 고즈케노스케 요시나카가 그들을 지도하도록 되어 있었다. 그런데 칙사 접대의 마지막 날 아침에 사단이 일어나고 말았다. 무슨 이유에서 그랬는지는 아직도 명쾌히 밝혀지지 않았지만 이들 간에 다툼이 일어나서, 아사노가 칼을 뽑아 기라의 얼굴과 등을 베고는 아예 목숨을 끊어 버리기 위해 다시 칼을 휘두르려고 하는 순간 사람들이 달려와 만류하는 바람에 뜻을 이루지 못했다.

쇼군의 거처인 에도 성 안에서 칼을 뽑아 싸움을 벌인 행위는 용서받지 못할 중죄였다. 따라서 아사노에게는 그 자리에서 할복할 것과 가산을 몰수하라는 엄벌이 내려졌다. 반면 기라는 장소를 분간하여 상대의 공격을 피하기만 했으므로 죄를 묻지 않고 그냥 놓아 주었다. 그러나 무사가 싸움을 벌였으면 쌍방 모두를 처벌하는 게 관례인

데 아사노만 엄벌에 처한 것에 대해 동정론이 일었다. 그런데 사실 이런 정도의 사건은 대개 있을 수 있는 일이었다. 만일 그다음에 일어난 일만 아니었다면 이 사건은 '칼잡이들' 사이에 벌어진 평범한 사건 중 하나로 끝났을지도 모른다.

아사노가 명령에 따라 할복자살한 소식이 그의 성에 알려졌고, 곧이어 성과 영지를 몰수하는 조치가 뒤따랐다. 게다가 죽은 아사노에게는 아직 자식이 없었고 후사도 정해지지 않은 상태였다. 이런 상황에서 그의 후계자가 될 가능성이 큰 아사노의 동생마저 근신 처분을 받아 가문의 부흥을 기약할 수도 없게 되었다. 이런 암담한 상황에서 아사노의 부하들이 모여 이 사태를 어떻게 처리할 것인지 논의했다. 전원 할복자살하자는 주장부터 죽을 각오로 항전하자는 주장까지 말들이 많았으나, 최종적으로 모아진 의견은 우선 쇼군 측에 순순히 성을 넘겨주되 자신들의 의사를 명백하게 전한다는 것이었다. 그들의 뜻은 기라에게도 죄를 묻고, 또 죽은 주군인 아사노의 동생에 대한 근신 조치를 해제하여 가문의 부흥을 기할 수 있도록 해야 하며, 만일 이 제안이 받아들여지지 않으면 자신들은 전원 할복하겠다는 것이다.

성을 빼앗긴 무사들은 로닌(浪人, 떠돌이 무사)이 되어 이리저리 흩어졌다. 지금이라도 당장 주군의 원수를 갚아야 한다는 의견도 제기되었으나 모두 바쿠후(幕府, 원래 군사 지휘 본부라는 뜻이었으나 쇼군이 실질적인 통치자가 된 뒤부터 정부를 가리키는 말이 되었다)의 결정을 지켜보기로 하고 기다렸다. 그런데 다음 해인 1702년 바쿠후가 내린 결정은 죽은 아사노의 동생에 대한 근신 처분은 풀되 그가 아코 성이 아닌 다른 지역에서 지내야 한다는 것이었다. 이 말은 곧 그가 영주가 될 수 없다는 뜻이니, 아사노 가문의 부흥은 물 건너간 이야기가 된 것이다. 이에 무사들은 가로(家老, 가신의 우두머리)인 오이시의 주도 아래 복수를 결의했다. 때를 기다리던 그들은 그해 12월 14일, 그들의 원수인 기라가 송년 다회를 여는 밤에 기습하기로 결정했다. 소방수 옷을 입어 위장한 47명의 무사들은 보름달이 훤하게 뜬 눈길을 걸어 기라의 저택을 급습했고, 한 시간에 걸친 전투 끝에 기라를 살해하는 데 성공했다. 그들은 바쿠후에 그들의 행위를 보고하고 주군의 무덤이 있는 센가쿠 절에 가서 기라의 목을 바쳤다.

이런 사실을 보고받은 바쿠후는 고민에 빠졌다. 그들이 사적인 복수를 금지하는 규정을 어겼으니 범죄 행위를 저지른 것은 분명하지만, 문제는 이들을 동정하는 여론이 만만치 않다는 것이었다. 주군

소방수로 변장하고 기라의 저택을 급습하는 47명의 로닌. 가츠시카 호쿠사이의 판화, 19세기초.

의 원수를 갚기 위해 거사한 것은 오히려 무사의 본분을 다한 훌륭한 행위가 아닌가! 바쿠후는 결정을 내리기 전에 폭넓게 의견을 구해서 들어 보았는데, 그중에는 47인 무사의 충의를 높이 사서 이들의 무죄를 주장하는 의견도 있고, 천하의 대의(大義)가 아니라 사적인 소의(小義)를 위해 법을 어긴 행위이므로 법에 따라 엄벌에 처해야 한다는 의견도 있었다. 고민하던 바쿠후는 최종적으로 이들 전원에게 할복하라는 명령을 내렸다. 무사들은 이 명령에 따라 각자 자신이 머무르던 곳에서 차례로 할복을 거행했다(그 전에 한 사람은 어떤 이유에서인지 빠져나와 이때 죽은 사람은 46명이었다). 이들의 시체는 주군 옆에 매장되었다. 이들은 공식적으로는 국법을 어긴 폭도로 규정되었으나 서민들은 이들을 의사(義士)로 받아들였다. 역사가들은 이 사건을

로닌 47명의 무덤은 도쿄 3대 사찰 중 하나인 센가쿠지에 있다.

'아코 사건'이라고 하지만 일반 서민들은 주신구라(忠臣藏, 충성스런 사무라이가 많이 들어 있는 창고라는 뜻) 사건이라고 불렀다.

이 사건은 얼마 안 가 여러 버전으로 극화되어 엄청난 인기를 누리게 되었다. 여기에는 칼부림, 습격, 복수, 게다가 40여 명이나 되는 무사들의 비장한 자결, 거기에 연출을 어떻게 하느냐에 따라 아름다운 연애담과 에로틱한 내용까지 들어갈 수 있어서 서민들의 인기를 끌 만한 요소들을 두루 갖추고 있었다. 그렇지만 바쿠후 당국으로서는 이런 작품들이 쇼군의 권위를 갉아먹을 수 있는 미묘한 문제점을 안고 있기 때문에 마냥 방치할 수는 없었고 그래서 공연을 금지하곤 했다. 이런 금지를 피하는 길은 사건의 배경을 바꾸는 것이다. 예컨대 1706년에 나온 지카마쓰 몬자에몬의 『고반타이헤이키』(碁盤太平記)는 시대 배경을 14세기의 남북조 시대로 바꾸고 장소도 에도가 아닌 가마쿠라로 바꾸었다. 물론 누가 봐도 스토리는 아코 사건을 뼈대로 하고 있음이 분명했다. 이와 같은 주신구라 작품군의 원류에 해당하는 것이 『가나데혼 주신구라』(假名手本忠臣藏)이다.

이 작품의 줄거리는 원래의 아코 사건의 전개를 따라가지만 세부 장치들은 모두 다르게 각색되어 있다. 일례로 '신사 앞 투구 감식 장면'으로 불리는 첫 장면을 보자. 천하를 평정한 다카우지가 예전에 고다이고 왕이 착용했던 투구를 신사에 바치고자 하는데, 문제는 그 투구가 47개의 전리품 투구에 섞여 있어서 어느 것이 진짜 왕의 투구인지 구분하기 힘들다는 것이다. 이때 예전에 왕을 모셨던 궁녀 출신인 가오요 고젠이 정확하게 투구를 가려내는 일을 한다. 이를 지켜보던 모로나오(실제 사건의 '기라'에 해당한다)는 전부터 가오요에게 흑심을 품고 있던 터라 그녀에게 협박조의 연애편지를 보내지만 차갑게 거절당한다. 이에 앙심을 품은 모로나오는 그녀의 남편 엔야 한간을 모욕하였고, 분격한 그는 모로나오에게 칼을 휘둘러 상처를 입히고 만다. 실제 사건과 달리 극작품에서는 칼부림의 시작이 남녀 간 문제에서 비롯된 것으로 변형되어 있음을 알 수 있다. 이처럼 극작품은 크게 보면 아코 사건의 흐름을 좇아가면서도 독자들이나 관객들의 흥미를 돋우는 여러 요소들이 더해져 있다.

극중의 엔야 한간 역시 할복 명령을 받고 영지를 몰수당하며, 그의 가신들은 모두 로닌이 되어 뿔뿔이 흩어지는 신세가 된다. 그러나 이들은 가로인 유라노스케의 주도 아래 비밀리에 다시 모여 복수를 다짐한다. 유라노스케는 혹시 일을 그르치게 될까 봐 일부러 유곽에서 흥청망청 술 마시고 놀면서 상대방의 경계심을 흐트러뜨린다. 모로나오의 첩자가 유곽에서 놀고 있는 유라노스케를 찾아가서 동정을 살펴보니, 그는 자신의 주군인 엔야 한간의 기일인데도 문어 안주에다가 술을 퍼마시고 있지 않은가. 혹시나 해서 그의 칼을 뽑아 보니 벌겋게 녹이 슬어 있다. '무사의 정신'인 칼이 녹슬어 있는 것을 본 첩자는, 이런 인간은 주군의 복수를 할 인물이 못 된다고 판단해 버린다. 물론 이것은 모로나오의 경계심을 풀기 위한 계략이었다. 실은 47명의 무사들은 모든 것을 다 바쳐서 주군의 복수 준비를 하고 있었으니, 심지어는 자기 처를 유곽에 팔아 자금을 준비할 정도였다.

이 복수극의 주인공 격인 유라노스케는 거사를 모의하는 과정에서 과연 무사들이 의리를 충실히 지키는 인물인지 조심스럽게 알아본다. 예컨대 유곽에 팔려 간 여인 오카루와 그녀의 오빠 헤이에몬의 진실성을 알아보기 위해 그는 교묘한, 사실은 간사하기 그지없는 시험을 한다. 오카루에게 거사의 비밀이 적힌 편지를 일부러 읽도록 만든 다음, 비밀이 새어 나가지 못하도록 하기 위해 오빠가 어떻게 하는지를 본 것이다.

『주신구라』의 여인들. 사무라이들의 충정을 위해 유곽에 팔려 가기도 한다. 우타가와 구니사다의 그림, 1859년.

"어차피 살아남지 못할 목숨. 네가 편지를 읽은 것은 큰일이기 때문에 유라노스케는 너를 유곽에서 빼내 준 다음 죽이려는 속셈이 분명하다. 다른 사람에게 비밀이 새어 나가면 밀서를 엿본 죄 때문에 너를 죽일 수밖에 없어. 남의 손을 빌리는 것보다 이 오빠가 직접 너를 죽여서 '비밀을 알게 된 사람은 내 누이라도 용서할 수 없었다.' 는 도리를 내세워 함께 목숨을 바칠 동지로 나를 받아 주시도록 청하는 게 낫지 않겠느냐. 신분이 낮은 자의 슬픔은 보통 사람보다 더 훌륭한 마음가짐을 보이지 않으면 그 거사에 참여할 수가 없는 것. 이를 잘 알아들었으면 네 목숨을 이 오빠에게 다오, 누이야!"

오늘날의 기준에서 보면 영주의 목숨은 그처럼 하늘같이 높이 여기면서 자기 누이동생의 목숨은 강아지 목숨처럼 여기는 이런 일은 이해하기 어렵다. 그러나 일본의 봉건적 무사도의 세계에서 사사로운 정리는 충군(忠君)의 대의 앞에서 아무런 의미가 없다. 의리와 인정 사이에 충돌이 일어날 때에는 가차없이 인정을 버리는 것이 무사 된 도리이며, 여성은 남자들이 그런 의리를 지키도록 하기 위해 자신을 희생하는 것이 미덕이었다.

누이는 만일 오라비가 자기를 죽이면 어머니의 원망을 살 테니 스스로 자결하겠다며 칼을 집어 든다. 이때 갑자기 나타난 유라노스케는 이렇게 말한다. "오호, 남매가 모두 훌륭하다. 이제 의심은 다 걷혔다. 오라비는 거사에 참여하고 누이는 목숨을 부지해 부친과 남편의 내세를 위해 공양을 하도록."

그러고는 다다미 밑에 숨어서 이 모든 것을 훔쳐보던 첩자를 잡아와서 잔인하게 복수한다. 그것도 잘 드는 칼로 한 번에 죽이는 게 아니라 녹슨 칼로 성한 곳 하나 없이 온몸을 베서 고통스럽게 천천히 죽도록 만드는 것이다!

이 작품의 백미는 47명의 무사들이 모로나오의 저택을 습격하여 전투를 벌이는 마지막 장면이다. 죽을 각오를 한 용사들은 미리 치밀하게 도상 연습을 한 대로 모로나오의 저택을 공격한다. 그들은 소란을 듣고 달려온 이웃 사람들에게 주군의 원수를 갚기 위해 최선을 다해 싸우는 중이라고 알리고, 불조심을 철저히 하고 있다는 말로 양해를 구한다. 이에 이웃 사람들은 "장한 일이로다. 누구라도 주군을 모시는 자의 마음은 당연히 이렇게 되어야 하는 법이다." 하고 칭찬을 아끼지 않는다.

두 시간이나 교전을 벌이고도 모로나오를 찾을 수 없더니, 한참을

가부키 배우들이 연기를 펼치는 〈주신구라〉의 한 장면이다. 모로나오의 저택을 침입한 뒤 로닌의 지도자 유라노스케가 숨어 있다 붙잡힌 모로나오와 마주보고 있다. 우타가와 구니가주의 그림, 1850년경.

수색하고 나서야 무사 한 사람이 땔나무 창고에 숨어 있는 모로나오를 생포해서 목덜미를 잡아 끌고 온다. 유라노스케는 "아아, 잘했다! 큰 공이다! 그러나 쉽게 죽이지는 말아라. 그래도 천하의 집사직에 있던 분이니 죽이는 데에도 예법이 있다." 하면서 그를 상좌에 앉히고는 "저희들이 신하 신분의 몸으로 저택에 들어와 이 같은 행패를 부린 것은 주군의 원수를 갚기 위함이오. 무례를 용서해 주시오. 이제 순순히 당신의 목을 내어 주시오." 하고 요청한다.

그러나 모로나오는 무사답게 의연한 죽음을 택하지 않고 갑자기 칼을 휘두른다. 그런 모로나오를 제압한 다음 유라노스케가 먼저 첫 칼로 베자 용사들이 입을 맞추어 다음과 같이 말하며 감격에 겨워 춤을 춘다. "눈먼 거북이가 물 위에 뜬 나무를 만나고 3000년에 한 번 핀다는 우담화를 보는 것처럼, 세상에 드물고 기쁜 일이로다!" 그러고는 주군이 할복할 때 쓴 칼로 모로나오의 목을 떨어뜨리고 난 뒤 모두들 이렇게 감탄하는 것이었다. "아내를 버리고 자식과 헤어지고 늙은 부모님을 여의었던 것도 이 목 하나를 보기 위해서였다!" 그리하여 무사들은 주군의 위패를 꺼내 탁자에 모시고, 피로 물든 모로나오의 목을 깨끗이 닦아 그 앞에 바치고 차례로 향을 올린다.

일본 문화와 우리 문화가 워낙 달라서일까, 아니면 우리가 일본한테 식민 지배를 받아서일까, 이 작품을 보는 내내 불편한 점이 적지 않았다. 죽음을 두려워하지 않는 정도를 넘어 죽음을 찬미하는 이들의 정신세계가 우리에게는 낯설고 공포스럽기까지 하다. 무사는 죽어야 할 때 죽어야 하며, 무사가 집에서 편안히 늙어 죽는 것은 수치라고 한다. 무사도의 고전인 야마모토 츠네토모의 『하가쿠레』(1716)에서는 이에 대해 이렇게 간결하게 정식화한다.

"무사도란 죽는 일이다."
"사느냐 죽느냐 어느 하나를 선택해야 할 때 먼저 죽음을 택하는 일이다."

무사의 죽음의 절정은 자신의 배를 스스로 갈라 자결하는 하라키리(割腹)이다. 무사도를 서구에 소개한 가장 영향력 있는 책 중 하나인 니토베 이나조의 『일본의 무사도』(1899)에 따르면, 배를 갈라 창자를 내보이며 죽는 것은 그곳에 영혼과 애정이 깃들어 있다는 일본 고대의 해부학적 신념에서 기인했다. 그러므로 할복의 논리는 "저는 제 영혼이 들어 있는 곳을 열어 당신에게 그 상태를 보여 주고 싶습니다. 제 영혼이 더러운지 깨끗한지 당신의 눈으로 확인해 주기를 바랍니다." 라는 것이다. 이처럼 할복은 단순히 목숨을 끊는 행위가 아니라 '법률과 예법상의 제도'였다. 즉, 무사가 자신의 죄를 뉘우치고, 잘못을 바로잡고, 수치심을 벗고, 친구에게 사죄하고, 자신의 성실함을 증명하는 방법이었다. 그리고 그것이 법률적 처벌로서 명해졌을 때에는 장중한 의식 속에서 집행되었다.

일본에는 할복을 미화하는 이야기들이 많이 있는데, 그 가운데 가장 충격적인 것 중 하나는 사콘과 나이키라는 형제의 이야기이다. 사콘은 스물네 살, 아우 나이키는 열여덟 살이었는데, 그들은 아버지의 원수를 갚기 위해 도쿠가와 이에야스의 목숨을 노리고 진중에 숨어들어갔다가 붙잡혔다. 이에야스는 형제의 용기를 가상히 여겨 "영예롭게 죽을 수 있도록" 할복의 기회를 주었다. 그런데 이들에게는 겨우 여덟 살밖에 안 된 막내 동생 하치마가 있었는데 이 아이까지 죽이라는 명령이 떨어졌다. 결국 세 형제가 함께 형장에 끌려가게 되었다. 이 자리에 배석했던 의사의 일기에는 이렇게 적혀 있다.

세 형제가 마지막으로 자리에 앉았을 때, 맏형 사콘이 막내를 향해 "하치마, 너부터 먼저 배를 갈라라. 실수하면 안 되니까 내가 뒤처리를 해 줄게."라고 말하자, 막내는 "저는 지금껏 할복을 하는 걸 본 적이 없어요. 형님들이 하시는 걸 보고 그대로 따라 하겠어요."라고 대답했다. 두 형은 눈물을 글썽이며 미소를 짓고는 "그래, 그렇게 하자. 과연 너는 어디에 내놔도 부끄럽지 않은 자랑스러운 아우다."라고 말했다. 하치마를 사이에 앉힌 뒤, 사콘이 먼저 왼쪽 배에 칼을 꽂으며 말했다. "하치마, 잘 보아라. 너무 깊게 그으면 뒤로 자빠지니 몸을 앞으로 숙이고 무릎을 고정시키도록 해라." 나이키도 마찬가지로 배를 그으며 말했다. "잘 들어라. 눈을 부릅뜨고 있어야 해. 안 그러면 아녀자 같은 표정으로 죽게 되니까. 칼을 든 손에 힘이 빠져도 용기를 내어 그어야 해." 하치마는 형들이 숨을 거두자 조용히 의복을 벗고 형들이 가르쳐 준 대로 훌륭하게 할복 의식을 끝냈다.

시대가 지나면서 계층 또는 계급으로서 사무라이는 더 이상 존재하지 않게 되었다. 그러나 그들의 이상인 무사도는 그 후에도 오랫동안 일본의 정신세계에 영향을 미쳤다. 그런데 무사도가 강건한 일본의 국민정신을 함양했다고 말하기에는 불온한 구석이 있다. 앞에서 말한 니토베 이나조의 글은 무사도가 실제로 일본 제국주의 파시즘의 한 요소로 귀착되었을 가능성을 스스로 밝힌다.

인간에게 활력을 주는 것은 정신이며, 정신 없이는 최상의 도구도 아무 도움이 되지 않는다. 아무리 최신형 총이 있어도 쏠 줄 아는 사람이 없으면 아무 소용이 없다. 근대적인 교육 제도 역시 비겁자를 영웅으로 만들 수는 없는 노릇이다. 압록강에서, 한반도와 만주에서 우리를 승리의 길로 이끌어 준 것은 우리 마음속에 살아 숨쉬는 조상들의 영혼이었다. 무용에 넘치는 우리 선조의 영혼은 죽음에 굴복하지 않았던 것이다. 안목이 있는 사람이라면 확실히 그들을 볼 수 있을 것이다. 매우 진보적인 사상을 가진 일본인이라도 표피를 벗겨 보면 거기에 무사의 모습이 있다.

유럽의 기사도가 호전적 전사들의 도덕률이었다가 명예를 중시하는 신사의 규범으로 발전했듯이, 일본의 무사도 역시 고약한 파시즘으로 귀결되지 않고 앞으로 건전한 방향으로 진화하면 좋겠다는 것이 한때 그들 때문에 불행한 일을 겪었던 이웃의 소망이다.

동화 속 결혼 이야기

「푸른수염」과 「하얀 새」

옛날 옛적에 얼굴에 난 푸른 수염 때문에 아주 무섭게 보이는 한 부자가 살았다. 그는 이웃집의 두 딸 중 한 명과 결혼하고 싶어 했지만 두 딸 모두 무섭다며 그의 청혼을 거절했다. 더구나 '푸른수염'은 이전에 이미 몇 번인가 결혼을 했는데, 그 부인들 모두 결혼한 뒤에 어떻게 되었는지 아무도 모른다는 점도 께름칙했다. 푸른수염은 환심을 사기 위해 이웃집 가족들을 불러 성대한 파티를 열었고, 결국 두 딸 중 동생이 마음을 열어 그와 결혼했다. 한 달 후, 푸른수염은 여행을 떠나게 되었다면서 아내에게 열쇠 꾸러미를 맡기며, 어떤 방이든 다 들어가도 되지만 작은 방 하나만은 절대 들어가지 말라고 당부한다. 만일 그 방에 들어가면 자신의 분노는 끝이 없으리라는 경고와 함께…….

이제 무슨 일이 일어날 것인가? 다 알다시피, 옛날이야기에서 어떤 일을 하지 말라는 말을 들은 주인공이 그 금기를 지키는 일은 결코 없다. 작은 방에 절대 들어가지 말라는 경고는 꼭 그 방에 들어가 보라는 강력한 유혹과 마찬가지이다. 어린 아내는 호기심을 누르지 못하고 결국 금지된 방에 들어가 본다. 처음에는 어두워서 아무것도 보이지 않지만 차차 어둠에 눈이 익게 되자 모든 것들이 모습을 드러낸다. 바닥에는 피가 말라붙어 있고 벽에는 여자들의 시체가 걸려 있다! 이들은 모두 푸른수염과 결혼했다

푸른수염이 아내에게 열쇠를 맡기며 주의를 준다.
구스타브 도레의 그림, 1862년.

가 살해당한 사람들이다. 너무 놀란 나머지 아내는 열쇠를 바닥에 떨어뜨리는데 이상하게도 이때 열쇠에 묻은 핏자국은 아무리 지우려 해도 지워지지 않는다.

바로 그날 갑자기 여행에서 돌아온 푸른수염은 아내에게 열쇠 꾸러미를 내놓으라고 요구한다. 그리고 비밀의 방 열쇠에 피가 묻어 있는 것을 보고는 이렇게 말한다. "당신이 그 방문을 열었으니 당신도 그 방에 가서 다른 여자들 옆에 자리 잡게 될 것이오." 푸른수염이 한 손으로 아내의 머리채를 잡고 다른 손으로 칼을 휘두르려는 순간, 그녀의 오빠들이 문을 박차고 달려들어 푸른수염을 죽이고 그녀를 구한다. 샤를 페로의 『거위 아주머니 이야기』에 나오는 이 「푸른수염」은 동화 가운데 가장 무서운 '호러물'에 속한다.

페로가 편찬한 이 판본은 오늘날의 관점에서는 여성에 대한 편견과 왜곡이 심한 이야기로 해석될 수 있다. 페로는 무엇보다도 주인공 여성의 호기심을 비난하며 그것이 비극을 가져온 주된 원인이라고 주장한다. "호기심은 사람을 유혹하지만 / 심대한 후회를 불러오리라." 이것이 페로가 이야기의 끝에 스스로 정리해서 제시하는 교훈이다. 그 호기심은 분명 성적인 내용과 관련이 있는 듯하다. 금지된 방, 열쇠, 지워지지 않는 피 같은 것들은 아주 명백하진 않으나 성적인 메타포로 보인다. 이런 관점에서 보면 페로는 여자 주인공을 유혹에 넘어가는 약한 존재로 파악하고, 또 여성의 구원은 최

페로는 「푸른수염」을 그의 책에 수록하면서 여성에 대한 편견을 덧입혀 놓았다.

종적으로 다른 남성(이 이야기에서는 오빠들)에 의해서만 가능한 것으로 그리고 있다.

그러나 같은 계열의 이야기라 하더라도 다른 판본들은 성격이 크게 다를 수 있다. 『그림 동화집』에 나오는 「하얀 새」는 「푸른수염」과 스토리가 아주 비슷하지만 성격은 확연히 다르다.

아름다운 딸 셋이 있는 집에 마법사가 등에 소쿠리를 진 거지의 모습으로 나타나서 음식을 구걸한다. 맏딸이 빵 한 조각을 주려고 하자 그는 마술을 써서 그녀를 소쿠리에 집어넣고 숲 한복판에 있는 자기 집으로 데려가서 가둔다. 며칠 뒤 그는 열쇠와 달걀 하나를 그녀에게 건네주면서, 어느 한 방에는 절대 들어가지 말고 또 언제나 달걀을 가지고 다니라는 당부를 하고 여행을 떠난다. 물론 그녀는 비밀의 방으로 들어가 본다. 이번에도 역시 방 안의 광경은 참혹하기 그지없다. 토막토막 썰린 시체가 대야에 가득하고, 그 옆에는 시퍼렇게 날이 선 도끼가 있다. 기겁을 한 여자가 달걀을 대야 속으로 떨어뜨리는데 이때 묻은 피는 아무리 지우려 해도 지워지지 않는다. 여행에서 돌아온 마법사는 달걀에 묻은 핏자국을 보고 그녀가 금지된 방에 들어갔다는 것을 알아차린다. 마법사는 여자를 도끼로 도막 내서 대야에 던져 넣는다. 그다음에 잡혀온 둘째 딸 역시 똑같은 운명을 맞이한다.

마지막으로 막내딸이 마법사의 집에 끌려오지만, 재치 있고 영리한 그녀는 언니들과는 다르게 대처한다. 우선 달걀을 안전한 곳에 치워 놓고 금지된 방으로 들어간 것이다(이렇게 쉬운 것을 언니들은 왜 몰랐을까). 두 언니가 잔인하게 도막 난 것을 보고서도 그녀는 아주 침착하게 대응한다.

> 막내딸은 침착했습니다. 머리, 몸통, 팔, 다리 등등 잘려진 토막들을 끌어 모아 원래 순서대로 가지런히 놓았습니다. 제 위치에 모두 놓이자 토막들이 움직이기 시작하더니 척척 달라붙었습니다. 두 언니는 눈을 떴습니다. 다시 살아난 것입니다.

집에 돌아온 마법사는 달걀이 깨끗한 것을 보고 막내딸이 시험에 통과했으니 신부로 삼겠다고 말한다. 그러나 막내딸은 결코 호락호락하지 않다. 그녀는 결혼 조건으로 금 한 소쿠리를 자기 집에 보내되 마법사가 직접 지고 갈 것을 요구한다. 그러고는 속임수를 써서 금 대신 두 언니를 소쿠리에 밀어 넣는다. 마법사는 땀을 뻘뻘 흘리며 언니들을 집까지 지고 간다. 결혼식 날, 아무것도 모르는 마법사와 친구들이 모이자 하얀 새로 위장한 신부가 오빠와 친척들의 도움을 받아 마법사의 집에 불을 질러서 그들을 태워 죽인다.

그림 형제는 비극의 원인으로 여성의 호기심을 비난하지 않는다. 비난받을 사람은 전적으로 사악한 마법사이다. 오히려 희생당할 뻔했던 여성이 기지를 발휘하여 마법사의 간사한 술수를 역이용해서 자기 자신과 언니들을 구하고 최종적으로는 사악한 무리들을 응징하는 점이 강조된다. 여성은 호기심 때문에 파멸을 초래하는 사악한 존재가 아니라 지적인 힘과 용기로 어려움을 이겨 내는 적극적인 주인공이다.

이처럼 같은 계열의 이야기라 해도 지역과 시대에 따라 다른 내용과 메시지를 포함하고 있다는 것을 알 수 있다. 역사학자들은 이런 점에 착안하여 지난날 서로 다른 사회에 퍼져 있던 민담과 동화들을 통해 민중들의 심성을 읽어 내려고 했다. 오늘날 역사가들은 오로지 전쟁과 혁명, 국왕의 통치와 같은 요소들만이 아니라 일반 평민들의 생각과 느낌, 심지어 그들의 무의식까지 읽어 내려고 노력하고 있다. 그런데 이때 문제가 되는 것은 옛날에 문자를 해독할 수 있는 사람은 소수 엘리트뿐이었고, 대부분의 사람들은 문자와는 거리가 먼 구술문화(口述文化)의 세계에서 살았다는 점이다. 하루 종일 힘든 밭일을 하고 돌아온 농부가 저녁에 먹을 갈아 회고록이나 자서전을 쓰는 일은 거의 없었을 터! 그 대신 온 가족이 둘러앉아 도란도란 나누던 이야기들 속에 그들이 생각하고 느끼고 바라던 일들이 녹아 들어갔을 것이다. 그래서 역사가들은 이 이야기들을 분석함으로써 과거 조상들의 정신세계를 파악할 수 있으리라고 기대한다.

그러나 이때 한 가지 심각한 모순이 발생하는데, 그것은 과거의 구술 문화를 연구한다고 하면서 실상은 누군가에 의해 문자로 기록된 이야기들을 자료로 이용할 수밖에 없다는 점이다. 페로나 그림 형제 같은 문필가들은 그들이 들은 이야기를 있는 그대로 옮기지 않고 그들의 취향에 맞게 조금씩 각색하여 출판하였다. 따라서 우리가 오늘날 읽는 동화들은 원래 서민들이 주고받던 이야기들과는 여러 면에서 다를 수 있다는 점까지 충분히 고려하면서 자료를 해석해야 한다.

민담과 동화를 통해 파악할 수 있는 중요한 주제 중 하나는 옛날 민중들의 성과 사랑, 결혼에 대한 태도이다. 가장 널리 퍼져 있고 또 현대에 들어 특히 큰 인기를 얻은 것은 「미녀와 야수」 계열의 낭만적

민담이나 동화를 통해 알 수 있는 중요한 주제는 민중들의 사랑과 성에 대한 관념이다. 「미녀와 야수」의 삽화. 월터 크래인의 그림, 1874년.

인 사랑 이야기이다. 낯선 남자와 결혼하는 어린 처녀에게 남편이 될 사람은 흔히 야수 같은 존재로 비친다. 그러나 여성은 난폭하고 무식해 보이는 남성의 내면에서 순수한 덕성을 찾아낼 수도 있고, 사랑과 헌신을 통해 '짐승 같은' 남자를 변화시킬 수도 있다. 그러면 개구리 왕자, 돼지 신랑, 백곰 남편, 뱀 총각이 어느 날 갑자기 멋진 왕자님으로 탈바꿈하는 것이다. 이런 이야기는 그 나름대로 맡은 역할과 기능이 있다. 즉, 결혼을 앞두고 불안에 떠는 여성에게 행복한 결혼의 가능성을 이야기하고, 그것을 이루기 위해 인내하고 노력하라는 메시지를 전하는 것이다.

그러나 이처럼 낙관적인 이야기만 있는 것은 아니다. 앞에서 살펴

본「푸른수염」이나「하얀 새」같은 이야기들은 결혼이 늘 행복으로 이어지지지만은 않으며 때로는 죽음에 이를 정도로 위험할 수도 있다는 점을 경고한다.「푸른수염」은 "참혹했던 날들의 기억은 잊혀졌습니다."라고 말하며 끝을 맺는다. 그러나 베트남 출신 신부 살해 사건을 담당한 어느 판사가 말한 것처럼, 무슨 물건 수입하듯 이웃 나라 젊은 처녀들을 돈 주고 데려와서 학대하고 심지어 술 취한 남편이 그녀들을 때려죽이는 사건까지 일어나는 것을 보면 부끄럽게도 어떤 곳에서는 이 이야기가 아직 현재진행형인 듯하다.

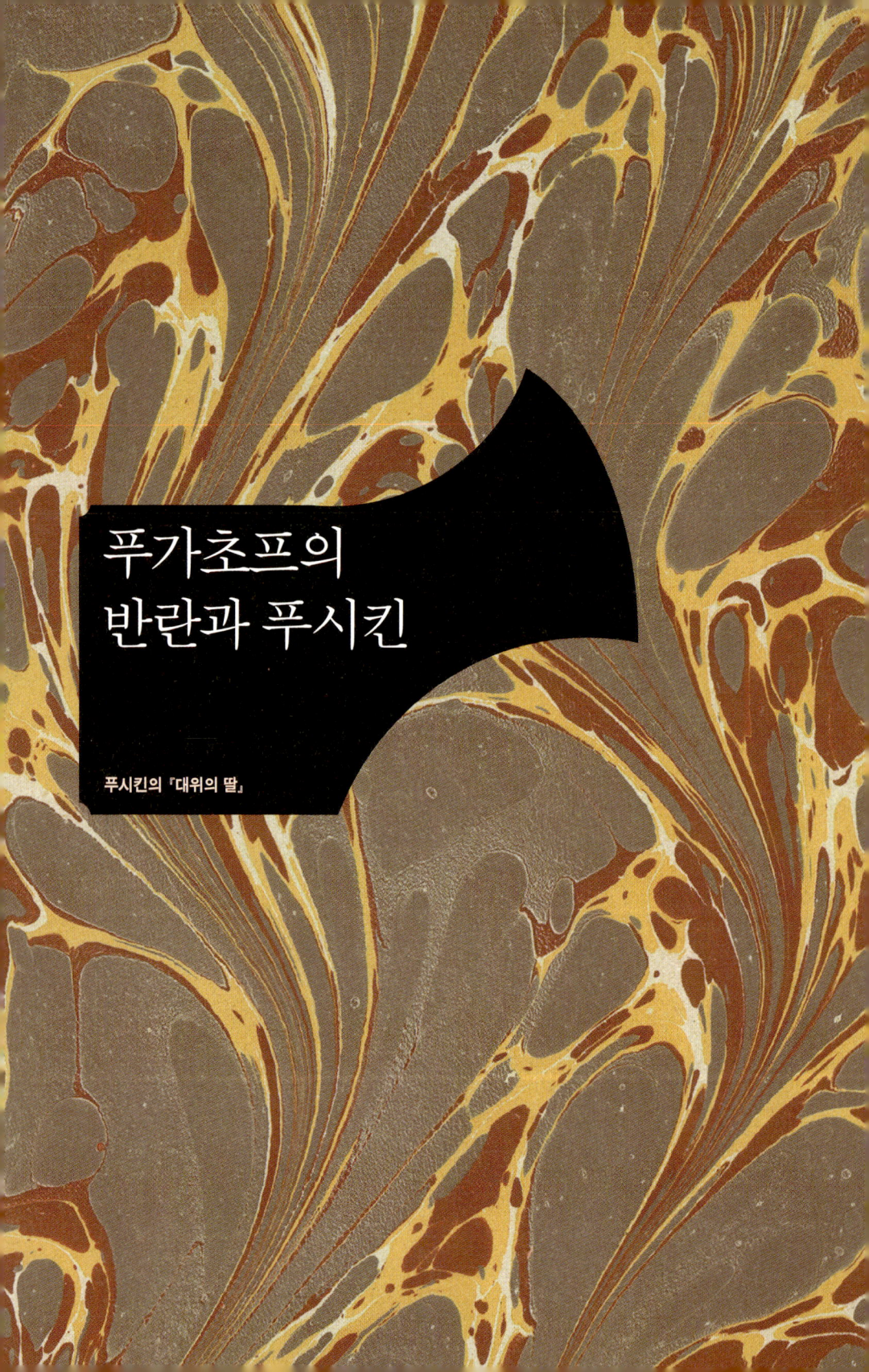

푸가초프의 반란과 푸시킨

푸시킨의 『대위의 딸』

머리통아, 내 머리통아
일만 죽도록 한 내 머리통아!

꼬박 33년을
군대에서 고생만 했구나.
아, 그러나 머리통이 얻은 건
돈도 아니네 기쁨도 아니네.
칭찬의 말도 아니네.
머리통이 얻은 건 고작
높이 솟은 두 기둥에
그 사이 가로지른 단풍나무 들보에
비단실 꼬아 만든 올가미라네.

—『대위의 딸』 7장에 인용된 러시아 민요

    러시아 농민들은 18~19세기까지도 여전히 농노(農奴) 신분을 벗어나지 못했다. 농노는 말하자면 노예와 자유민의 중간 형태로서, 신분적으로나 경제적으로나 지주 귀족에게 완전히 종속되어 있는 농민을 가리킨다. 이들은 심하면 일주일에 6일 동안 귀족의 땅을 경작해 주고 나머지 하루만 자기 논밭에서 일할 수 있었다. 귀족들은 농노들을 극심하게 착취했을 뿐 아니라 재판권까지 마음대로 행사할 수 있어서 그야말로 생사여탈권을 쥐고 있다 해도 지나친 말이 아니었다.

    더욱 큰 문제는 시간이 지날수록 농노들의 상황이 호전되는 것이 아니라 오히려 악화된다는 데에 있었다. 차르 정부가 농노에 대한 귀족들의 지배를 강화시켜 주는 대가로 귀족들의 충성을 이끌어 내고

농민군을 이끈 푸가초프의 초상.

자 했기 때문이다. 이런 상황에서 세상을 뒤엎고 새로운 세계를 만들겠다는 홍길동 같은 인물이 나타나는 것은 당연지사! 러시아에서는 1762년부터 1769년 사이에만 50번 이상의 농민 반란이 일어났지만, 그 가운데 가장 큰 반란은 푸가초프의 난(1773~1775)이었다.

푸가초프는 돈카자크 출신의 문맹 농민으로서 러시아군에 복무하면서 여러 전쟁에 참전했다. 부상을 입어 고향에 돌아왔다가 몸이 낫자 3년 동안 여러 지역을 여행했는데, 이때 카자크인의 반란(1772)과 그에 대한 잔혹한 진압 과정을 두 눈으로 똑똑히 보았다. 여행 중에 군대 탈영죄로 체포되어 시베리아 유형을 선고받았으나 탈출한 후 1773년 6월에 볼가 강 동쪽의 초원 지대에 나타났다. 그리고 자신이 억울하게 폐위되었다가 암살된 것으로 알려진 황제 표트르 3세라고 주장했다. 그는 농노제 폐지와 신분상의 자유, 그리고 농지 제공을 약속하면서 반란군 세력을 끌어 모았는데, 이 반란으로 남부 러시아 전역이 혼란의 도가니가 되었다. 그들은 우랄 지역의 상공업 중심지인 오렌부르크를 포위 공격했고, 카잔을 불태웠으며, 사라토프를 장악하고 차리친(지금의 볼고그라드)을 포위했다. 그러나 마침내 1774년 수보로프 장군에게 패했고, 야이크(지금의 우랄) 카자크인의 배반으로 모스크바에 압송되어 처형되었다.

그로부터 60년이 지난 1836년, 러시아 문학의 아버지라 일컬어지는 알렉산드르 푸시킨(1799~1837)이 이 사건을 소재로 소설을 썼다.

러시아 역사상 최대의 농민 반란을 러시아 최고의 천재 시인이 작품화했다면 어떤 모습이 될까? 비장하고 처절할 것 같지만 의외로 소설의 전반적인 분위기는 밝고 목가적이며 심지어 익살스럽다. 푸시킨은 거대한 역사적 사건을 가족사 또는 낭만적인 연애사의 관점에서, 즉 일상의 차원에서 해석하고 있다.

푸시킨의 초상.

귀족 자제인 그리뇨프는 17살이 되었을 때 아버지의 일방적인 결정에 따라 변방에 위치한 벨로고르스크 요새에 장교로 부임하게 된다. 그는 요새로 가는 도중 심한 눈보라를 만나 길을 잃었다가 우연히 만난 한 농부의 안내를 받고 그에 대한 답례로 농부에게 자신의 토끼털 외투를 선사한다. 나중에 밝혀지지만 이 농부가 사실은 푸가초프로서, 바로 이 토끼털 외투 때문에 그리뇨프는 목숨을 구하게 된다.

요새에 도착한 그리뇨프는 사령관(대위) 쿠즈미치의 가족과 친해지고 특히 그 집 딸인 마샤와 사랑에 빠진다. 그러나 선임 장교인 쉬바브린도 그녀를 사랑하고 있었기 때문에 두 사람은 결투까지 벌이게 된다. 그 결과 쉬바브린은 일생의 고비마다 그리뇨프를 위험에 빠뜨리는 평생의 원수가 된다.

사실 이들의 근무지는 요새라고 하지만 오두막집이 본부이고 그 주변에 울타리가 둘러쳐진 상태에 불과하다. 병사들은 거의 군사 훈련이 안 되어 있어서 "병사들 전원이 오른쪽과 왼쪽을 구별할 수 있게 하는 데에는 역부족이었다. 그들 중 대부분은 실수하지 않으려고 방향을 틀 때마다 성호를 그었지만 소용이 없었다." 이런 곳에 농민 반란군에다가 러시아 정부에 반항적인 카자크인들이 합류한 대군이 밀어닥치니 요새는 순식간에 함락되고 만다. 최후의 공격이 시작되기 직전 사령관의 가족들은 마지막 순간이 왔다는 것을 직감하고 서로 인사를 나누며 헤어지는데, 이 부분은 슬프고도 감동적이다.

> 새파랗게 질린 딸 마샤는 덜덜 떨면서 이반 쿠즈미치에게 다가가 그의 발 아래 무릎을 꿇고 머리를 숙였다. 늙은 사령관은 그녀를 향해 성호를 세 번 그은 다음 일으켜 세워 키스를 했다. 그리고 이제까지와는 사뭇 다른 음성으로 말했다.
> "자, 마샤. 행복하게 살도록 해라. 하느님께 기도하고. 주님께선 너를 버리지 않으실 거다. 좋은 사람 만나게 되거든 주님께서 너희 두 사람에게 사랑과 지혜를 베푸시기 바란다. 나와 바실리사 예고로브나가 살았던 것처럼 너희들도 살아라. 그럼 잘 가라, 마샤. 바실리사 예고로브나, 어서 저 아이를 데려가요. (마샤는 그의 목을 끌어안으며 울음을 터뜨린다.) 여보 우리도 키스합시다."
> 사령관 부인이 울며 말했다. "잘 가세요 이반 쿠즈미치. 제가 혹시 당신께 잘못한 일이 있거든 용서하세요!"
> "잘 가요, 여보. 잘 가요! 자, 이제 그만! 어서 집으로 가요."

이때 사령관과 부인, 부관이 모두 반란군 일당에 의해 참살되지만 그리뇨프와 마샤는 토끼털 외투의 인연으로 겨우 목숨을 구하고 위험을 벗어난다.

푸가초프 일당은 한때 카잔까지 점령하고 모스크바를 향해 진격하였다. 그러는 동안 주인공 그리뇨프는 러시아군에 돌아왔지만 그의 연적 쉬바브린의 고발로 적과 내통한 반역자라는 누명을 쓰고 처형당할 위기에 몰린다. 이때 마샤는 여제(女帝)에게 탄원하기 위해 당시 황실의 소재지였던 자르스코에 셀로라는 곳까지 찾아간다. 그녀는 그곳에서 우연히 어떤 귀부인과 대화를 나누는데, 사실은 이 부인이 예카테리나 여제로 밝혀진다. 마샤의 헌신적인 사랑 덕분에 그리뇨프의 무고함이 밝혀지고 그는 결국 목숨을 구한다.

푸시킨은 소설 중간중간에 러시아의 전제 정치와 농민들의 열악한 상황에 대해 통렬한 비판을 가한다.

> 우리는 폭도들에게 약탈당한 마을을 지나가면서 주민들이 몰래 감춰 놓은 얼마 안 되는 식량이나마 부득이 징발하지 않을 수 없었다. 행정은 어느 곳 할 것 없이 마비 상태였고 지주들은 숲 속으로 피신해 갔다. 강도의 무리가 도처에서 만행을 일삼았다. 각 부대의 지휘관들은 제멋대로 사람들을 처형하기도 하고 사면해 주기도 했다. 전란의 화염이 휩쓸고 지나간 저 광활한 지역의 상황은 처참했다.

행간의 뜻을 잘 읽어 보면 반란군이나 진압군이나 농민들을 괴롭히기는 마찬가지라는 점을 알 수 있다. 또 주인공의 입장에서 보면 푸가초프나 예카테리나나 우연히 만난 인연 때문에 자비를 베풀어 그의 목숨을 구해 준 점에서는 똑같다. 그는 푸가초프의 인상에 대해

표트르 3세와 예카테리나 2세의 초상.

"이목구비가 번듯한 것이 꽤나 서글서글해 보였고 흉악한 점이라고는 눈곱만큼도 없었다."는 식으로 호의적으로 그린다. 여제와 도적의 괴수 모두 한편으로 한없이 자비롭고, 다른 한편으로는 한없이 잔인한 인물이라는 점에서 동일하다.

예카테리나는 무능한 남편 표트르 3세를 독살하고 스스로 여제가 되었다는 소문이 널리 퍼져 있었다. 심지어 표트르 3세가 죽지 않고 어딘가에 살아 있다는 뜬소문이 돌아서, 푸가초프를 비롯한 많은 반란 수괴들이 스스로 표트르 3세를 참칭했다. 황실이 도둑 집단과 다를 바 없고, 도둑들이 분수에 넘치게 스스로 황제라고 이른다는 것은 그들이 내적으로 서로 통한다는 의미일 것이다. 이 작품에서는 황제가 도둑의 수괴 수준으로 타락해 있다는 점을 집안에서 아버지가 아버지답지 않다는 상황에 비유해 놓았다. 주인공 그리뇨프가 처음 푸가초프를 만나던 날, 눈보라 치는 가운데 마차에서 꾼 꿈이 이를 말해 준다. 꿈에서 그리뇨프는 아버지가 중병에 걸려 돌아가실 것 같다는 소식을 듣고 집으로 간다.

어머니가 침대의 휘장을 제치며 말씀하셨다.
"안드레이 페트로비치, 페트루샤가 왔어요. 당신이 편찮으시다는 말을 듣고 왔어요. 이 아이를 축복해 주세요."
나는 무릎을 꿇은 채 환자를 눈여겨보았다. 그런데 이게 웬일인가? 침대에는 우리 아버지 대신 시커먼 턱수염을 기른 농부가 누워서 싱글거리며 나를 보고 있는 게 아닌가. 나는 어찌할 바를 몰라 어머니를 돌아보며 물었다.
"이게 웬일이에요? 이 사람은 아버지가 아니잖아요. 어째서 제가 농부한테 축복을 받아야 하죠?"
"아무려면 어떠냐, 페트루샤야. 이분은 네 양아버지란다. 이분의 손에 키스하고 축복을 받도록 해라."
나는 그 말에 수긍할 수가 없었다. 그때 농부가 침대에서 벌떡 일어나더니 등에 지고 있던 도끼를 꺼내 사방팔방 마구 휘두르기 시작했다. 나는 도망가려 했지만 발이 말을 듣지 않았다. 방안은 시체로 가득했다. 나는 시체에 걸려 넘어지고 흥건히 고인 피에 미끄러졌다. 그 무서운 농부는 다정하게 나를 부르며 이렇게 말했다.
"무서워하지 말고 이리 와서 내 축복을 받아라."
공포와 의혹이 나를 사로잡았다.

이는 아버지가 아버지의 역할을 다하지 못하면, 그리고 차르가 차르의 역할을 다하지 못하면 그들을 갈아 치울 수도 있음을 암시한다. 실제로 푸가초프는 요새를 함락한 후 그리뇨프에게 이런 말을 하지 않는가. "자네야 사실 아무려면 어떤가? 누가 황제이건 마찬가지 아닌가? 성심껏 나를 모시면 장군이나 공작을 시켜 주겠네. 어떤가?"

물론 푸시킨은 '저쪽'으로 넘어가지는 않고 늘 '이쪽'에 충실하고자 한다. 이 작품에는 현재 세계가 붕괴될 위험과 새로운 세계가 도래할 가능성에 대한 낌새가 슬쩍 보이지만 그렇다고 결코 혁명적이지는 않다. 지난 시대 최대의 농민 반란을 이야기하면서 저자가 주장하는 바는 사실 온건하다.

청년들이여! 만일 나의 이 수기를 읽게 된다면 기억해 주기 바란다. 좀 더 훌륭하고 항구적인 개혁은 일체의 폭력적 강요를 배제한 풍속의 개선으로부터 온다는 것을.

주인공 그리뇨프는 '대위의 딸' 마샤의 헌신적인 사랑과 여제의 온화한 사면 덕분에 목숨을 구한다. 사령관이 축복한 대로 두 주인공은 지극한 사랑으로 무너져 가는 집안을 일으켜 세웠다. 그러나 귀족 지주와 차르의 사랑하는 마음에 기대어 농민들의 처참한 상황을 개선할 수 있을까? 귀족 자제인 푸시킨은 변방 끝까지 내려가서 민중들의 아픔을 읽기는 했지만, 그들을 구제할 수 있는 근본적인 대답을 마련하지는 못한 듯하다. 그러니 농민 반란이 일어났다가 잔인하게

오랜 시간 고통받던 농민과 노동자의 지지 속에서 볼셰비키당이 혁명에 성공한다. 보리스 쿠스토디예프의 그림, 1920년.

진압당하는 일이 반복되었건만 그때마다 농민들의 처지에는 아무런 변화도 없었다. 1861년에 드디어 차르가 농노해방령을 선포했을 때에도 대부분의 농민들은 농지를 살 돈이 없어서 한낱 무토지 빈농으로 남을 수밖에 없었으니, 그들의 삶에서 실질적인 변화를 기대하기는 힘들었다. 멀리 보면 개선 가능성이 없는 심각한 사회 모순이 결국 최초의 프롤레타리아 혁명인 러시아 혁명을 초래했다고 할 수 있을 것이다.

프랑스 혁명과 제정, 그리고 여성

스탈 부인의 『코린나 - 이탈리아 이야기』

과격 공화주의자(자코뱅)로서 프랑스 혁명(1789
~1799)에 적극 가담하였던 화가 다비드는 혁명이
일어나던 그해에 〈브루투스에게 두 아들의 시체를 가져다주는 형리
들〉이라는 그림을 그렸다. 이 그림 속의 브루투스는 시저를 암살한
브루투스가 아니라, 로마가 왕정에서 공화정으로 바뀌던 로마 역사
초기의 인물이다. 브루투스는 마지막 왕을 추방하는 반란을 주동하
였고, 새로 출범한 공화정의 초대 집정관(콘술)이 되어서, 로마 공화
정의 아버지라고 불린다. 그런데 하필 그의 두 아들이 전왕을 복귀시
키려는 거사에 가담했다가 발각되었다. 다른 재판관들은 사면을 주

〈브루투스에게 두 아들의 시체를 가져다주는 형리들〉, 자크 루이 다비드의 그림, 1789년.

장했으나 오히려 아버지는 두 아들의 처형을 결정했고 결국 그들은 참수되었다.

다비드의 그림은 사형당한 아들들의 시체가 집으로 들어오는 장면을 보여 준다. 화면은 두 부분으로 나뉘어 있는데, 왼쪽의 남성들은 정치 영역, 곧 공화정의 가치(브루투스가 손에 쥐고 있는 법률 문서를 보라)를 나타내는 반면, 오른쪽에 있는 어머니, 여동생, 유모 등 여성들은 뜨개질 바구니나 실 같은 소품을 통해 가정사를 나타낸다. 자세히 보면 바구니에는 프랑스 왕실 문양인 백합이 수놓아져 있어서, 이 그림이 단순히 과거 로마사의 한 장면을 그린 것이 아니라 프랑스 혁명에 대한 작가의 논평임을 알 수 있다. 그림 속 여성들은 구체제와 왕정의 가치를 추종하며 진보를 거부하는 반동적인 집단으로 그려져 있다. 결국 이 그림의 메시지는 '국가'가 '가정'보다 더 상위에 있으며, 혁명을 지켜 내기 위해서는 자기희생을 감수하는 준엄한 남성성이 필요하다는 것이다.

프랑스 혁명은 자유·평등·박애(형제애)를 기치로 내걸었다. 그렇다면 혁명을 통해 정말로 모든 사람이 자유롭고 평등하게 되었을까? 비판적인 논자들은 혁명이 모든 사람들에게 해방의 가능성을 말했지만 실제로는 여성들을 배제하고 억압했다고 주장한다. 형제애는 있었을지 몰라도 자매애는 없었으며, 그 형제들(시민)이 아버지(국왕)를 살해하고 권력을 잡았을 때 나타난 결과는 여전히 남성 중심의 가부장제 질서였다는 것이다. 여성들의 관점에서 볼 때 혁명은 아무것도 바꾸지 않았다.

스탈 부인(1766~1817)은 우리에게는 그다지 알려져 있지 않지만,

시민들이 들고 일어나 국왕을 살해하고 권력을 잡았지만 그 결과는 여전히 남성 중심의 가부장제 질서였다. 〈루이 16세의 죽음, 1793년 1월 21일〉, 자크 루이 다비드의 동판화, 1793년.

구체제 말기로부터 프랑스 혁명의 발발, 공포 정치, 집정관 시대를 거쳐 나폴레옹 제정에 이르기까지 역사의 격변을 직접 겪고 그 시대에 대해 고발하고 증언하는 작품들을 남긴 일급 작가이다. 그녀는 1766년 파리에서 태어났다. 그녀의 아버지 자크 네케르는 제네바의 은행가 출신으로 루이 16세 치하에서 재무 대신을 지낸 인물이고, 그녀의 어머니 쉬잔 퀴르쇼는 스위스계 개신교 목사의 딸이었다. 그녀는 일찍부터 어머니가 주관하는 파리의 살롱에서 루소, 디드로, 달랑베르 같은 최고 수준의 철학자들과 만나면서 계몽주의 사조를 접했고, 스웨덴 대사와 결혼하였으며, 국외로 망명하여 독일과 이탈리아를 여행하면서 괴테, 피히테, 슐레겔, 시스몽디 같은 유럽의 석학들과 교류를 하고 연애를 하였다. 그녀는 18세기 프랑스 계몽주의의 딸이면서 19세기 유럽 낭만주의의 선구자가 되었다.

스탈 부인의 초상.

그러나 그녀의 찬란했던 삶은 나폴레옹과의 불화로 파리라는 중앙 무대에서 추방되면서 험난한 길로 들어섰다. 애초부터 두 사람의 충돌은 불가피했다. 나폴레옹은 권위주의적 포퓰리스트(대중의 인기에 영합하는 행태를 보이는 정치가)인 데다가 군국주의적이고 프랑스 민족 중심적인 반면, 스탈은 관용적인 엘리트로서 개혁적이며 영국 애호주의의 심성을 가지고 있어서 서로 상극이었기 때문이다. 처음에 스탈은 나폴레옹이 프랑스 혁명이 선언한 자유를 지켜 주리라고 믿었지만 이 기대는 곧 산산조각이 나고 말았다. 나폴레옹은 유럽을 무력으로 정복하고 제국을 건설하겠다는 야심을 품고 있었다. 스탈이 본 나폴레옹은 지극히 가부장적이고 권위주의적인 남자였다. 예컨대, 지금껏 살아온 여성들 가운데 가장 훌륭한 여성이 누구라고 생각하느냐는 질문에 그는 "아이를 가장 많이 낳은 여자"라고 차갑게 대꾸했다. "이 거인은 두려운 가슴속에 따뜻한 마음이 없다. 그는 절대 권력의 벼락을 쥐고 있다. 그러나 그는 사랑이 승리하도록 하는 법을 알지 못한다. 그는 지구 전체를 손아귀에 움켜잡고 집어삼켜야만 하는 젊은 사자와 같다."

스탈의 이런 비판에 대해 나폴레옹은 그녀를 여자 이데올로그(정치적 당파의 이론가)이자 괴물이라고 부르며 국외 추방을 명했다. 스탈의 아들 오귀스트가 어머니의 귀국 허락을 받아 내기 위해 나폴레옹을 찾아가 "어머니는 문학에만 전념할 것입니다." 하고 말하자 나폴레옹은 이렇게 대꾸했다. "내가 살아 있는 한 부인은 파리에 다시 발을 들여놓지 못할 것이오. 게다가 문학을 이야기하면서 정치, 도덕, 예술, 그 밖에 이 세상 모든 것을 할 수 있소. 여자들은 뜨개질만 해야 하오."

나폴레옹은 정확하게 사태를 파악하고 있었다. 스탈 부인이 1805년에 쓴 『코린나』와 같은 문학 작품은 표면적으로는 연애 이야기로 보일지 모르지만 사실 혁명과 제정에 대한 가장 예리한 성찰을 담고 있기 때문이다.

이 소설은 1794년부터 1803년까지, 즉 프랑스 혁명 중의 공포 정치 시기로부터 나폴레옹 집권 초기에 이르는 시대를 배경으로 한다. 큰 줄거리는 기품 있는 스코틀랜드 귀족 오스왈드가 건강상의 이유로 이탈리아로 여행을 갔다가 로마 최고의 즉흥 시인이며 천재 여성 작가인 코린나를 만나 사랑에 빠진다는 것이다. 두 사람은 함께 이탈리아를 여행하는 도중 베수비오 화산에서 각자 자신의 과거를 고백하는데, 여기에서 아주 놀라운 사실들이 드러난다. 기가 막힌 우연의 일치이지만, 과거에 두 사람이 영국의 같은 지방에서 살았고 그들의 아버지들은 친한 친구였으며 심지어 이 두 사람을 결혼시키려고 했다는 것이다. 그런데 오스왈드의 아버지가 코린나를 직접 본 후에 결혼을 피했는데, 그 이유는 코린나가 이탈리아인 어머니로부터 물려받은 자유분방한 성정이 영국 귀족 가문의 성향과 어울리지 않기 때문이었다. 오랜 세월이 흐른 후 두 사람이 우연히 만나 사랑에 빠진 것인데, 오스왈드는 이미 고향에서 전형적인 영국적 미덕(오직 가정에만 충실한 것을 뜻한다)을 갖춘 루실이라는 여성과 약혼한 상태였다. 부모의 뜻을 거스르지 못한 그는 고민 끝에 코린나와의 사랑을 버리고 루실과 결혼하며, 사랑을 잃은 코린나는 병이 들어 죽음을 맞게 된다.

사실 이 작품의 줄거리를 보면 결코 진보적으로 보이지는 않는다. 거의 여신과 같은 지위를 누리며 사람들의 찬탄을 받는 여성 예술가가 외국인 남성을 사랑하게 되지만, 그는 그 여성의 탁월한 예술 능력과 개방적인 성격을 부담스러워하다가 결국 사랑을 포기하고 떠난다는 것이 이 소설의 기본 구조이다. 그러나 저자는 바로 이런 점을 통해 문제를 제기하고 있다. 가장 앞서 나가는 영국 사회에서도 코린나와 같은 천재 여성을 받아들이지 못하며, 뛰어난 여성의 목소리는 억압되고 만다는 것이다. 바로 이것이 영국 사회와 이탈리아 사회의 큰 차이점이다.

> 고국(영국)에서 그는 종종 정치인들이 국민들의 숭앙을 받는 모습을 본 적은 있지만 여자에게, 그것도 오로지 천부적 재능으로 이름을 빛낸 여자에게 경의를 바치는 사람들의 모습을 보는 것은 이번이 처음이었다.

코린나를 억압하고 그녀의 사랑을 방해하는 요소들은 결국 전제 정치의 메타포이다. 코린나는 어떤 이념이나 관습 때문에 사랑을 희생하지는 않으려는 인물이다. 프랑스 혁명이라는 무대 배경을 놓고 본다면, 이는 추상적 개념이나 민족주의적 열정에 무조건 복종하지 않는다는 의미이다. 혁명기와 제정기에는 섬세한 인간적 차이들을 무시하고 모든 것을 하나의 이념으로 환원시키는 성향이 극성을 부렸는데, 스탈은 이를 '철학적 광기'로 규정하였다. 구체제와 혁명기의 영웅들, 그리고 나폴레옹에게서 이런 요소들을 찾을 수 있다는 것이다. 이런 정치 체제에서는 인간이 아니라 도그마(독단적인 신념이나 학설)가 지배하게 된다.

스탈은 프랑스 혁명이 해방의 요소를 가지고 출발하였으나 진행 과정에서 타락해 가는 것으로 파악하는 듯한데, 이는 작중 인물의 대화에서 알 수 있다.

> 그는 원래 감수성이 강하고 열광적인 사람이었으나, 프랑스 혁명을 겪고 인간에 대해 알게 되고 나서 그 모든 것이 다 소용 없다는 것을 깨닫게 되었노라고 말했어요. 그 사람은 또 말하기를 이 세상에 돈이나 권력 외에 좋은 것은 없으며, 우정이란 일반적으로 상황에 따라 생길 수도 있고 버릴 수도 있는 수단에 지나지 않음을 깨닫게 되었다고 하였어요.

권력을 지향하고 또 그것을 얻기 위해 계산하는 것이 프랑스 혁명기와 나폴레옹 제정기의 특징이다. 이때 인간은 존엄성을 상실하고 약아빠지고 타산적인 속물로 변한다. 스탈은 혁명의 길을 간 프랑스 방식보다 온건한 입헌 군주정인 영국 방식이 더 훌륭한 제도라고 보았다. 그러면서도 그녀는 영국 사회에서는 과연 인간이 행복한가 하는 질문을 다시 던지고 있다. 특히나 여성들에게 영국 사회는 스스로 자아를 죽이도록 강요하는 곳이다.

우리들이 가진 능력을 성장시키지 않는 행복이란 도대체 무엇이란 말인가! 그것은 육체적으로도 정신적으로도 나를 죽이는 것이 아닌가? 그리고 만약 나의 재주와 정신을 죽여야 한다면, 나를 헛되이 동요시키는 비참한 나머지 인생을 살아서 무슨 소용인가?

영국 사회에서는 "어느 정도의 안락함과 약간의 상업, 그리고 교양"이 있다. "그러므로 행복하시겠습니다. 부족한 것은 아무것도 없으니까요."라고 말할 수 있단 말인가? 그것은 "행복과 고뇌의 근원은 우리 자신의 깊은 내면에, 숨겨진 성역 안에 있는데, 생활의 외면을 보고 내리는 바보 같은 판단"이다. 이렇게 본다면 정치 군사적인 제도가 발달하지 않았고 민중들은 아직 반(半)야만적인 수준에 있지만, 아름다운 자연과 고대의 풍요로운 유산, 그리고 무엇보다도 열정을 품고 있는 이탈리아가 오히려 우리 영혼이 되살아나는 장소로 더 알맞다. 이 나라에서는 "자연과 태양과 예술과 함께 다시 태어나는 것"이 가능하다.

이렇게 보면 『코린나』는 18~19세기 유럽 사회에 대한 문명론적 비평의 성격을 띤 작품이라 할 수 있다. 유럽의 수도 역할을 자부해 왔던 파리에서 계몽주의의 빛을 듬뿍 받으며 성장한 스탈은 이제 혁명의 성공과 실패를 몸과 마음으로 겪은 후, 유럽의 또 다른 중심인 영국, 그리고 아직은 변방의 위치에 있는 이탈리아를 비교하며 성찰한다. 영국과 이탈리아 모두 나름의 장점과 단점을 가지고 있다고 말할 수는 있을 것이다. 그러나 저자는 영국의 빛나는 성취보다는 이탈리아의 정신적 또는 정서적 풍요로움 쪽으로 마음이 기우는 것 같다.

영국은 "질서·여유·풍요와 산업의 나라이며, 남자에게는 위엄이, 여자에게는 겸허함이 있고, 가정의 행복이 사회 전체 행복의 기본이 되는 나라"이다. 남자 주인공 오스왈드의 관점에서 보면 이런 장점을 지닌 영국이 그의 품성에 더 맞는 나라이며, 이에 비해 코린나로 대변되는 이탈리아는 화려하고 매력적이기는 하지만 혼란과 무지, 약점투성이의 나라이다. 바로 이러한 남성적 시각이 결국은 코린나를 죽음으로 몰아간다. 고상하나 활기가 없는 영국 같은 나라에서는 겸허한 시민적 덕성 속에서 열광적인 감수성은 얼어붙어 버리고, 남성이나 여성이나 마음속으로는 춥고 쓸쓸할 뿐이다.

『코린나』는 아주 재미있게 읽을 만한 소설은 아니다. 그러나 프랑스 혁명을 거치면서 새로이 떠오르는 유럽 사회에 대한 진지하고도 개성 있는 시각을 제시하는 작품이다. 이 소설은 여자 주인공의 시와 음악, 춤이 미래의 희망이라고 주장한다. 아버지와 아들이 서로 죽이는 과격한 공화국 또는 나폴레옹 체제와 같은 무지막지한 군사 제국을 경험한 여성 작가의 관점에서 볼 때, 우리를 구원하는 것은 시의 제국, 신비로운 음악의 제국이다. 반쯤 무당과 같은 여인인 코린나의 시와 노래, 춤을 접할 때 사람들은 열광(enthusiasm, '신이 우리 안에 들어와 있는 상태')한다. "음악은 우리가 영혼을 가지고 있음을 확인시켜 준다."

프랑스 혁명 연보

프랑스 혁명은 파리를 중심으로 프랑스에서 벌어진 일이지만 결과적으로 보면 세계사적인 사건이었다. 세계사는 프랑스 혁명 이전과 이후로 갈린 다고 해도 과언이 아니다. 그러나 이 '위대한' 사건의 실제 면모는 병적인 흥분의 연속이었으며, 결국 나폴레옹 체제라는 군국주의로 귀결되었다. 프랑스 혁명은 자유와 해방을 가지고 왔지만 동시에 파괴와 억압의 측면도 지니고 있었다.

1789년 5월 5일 국가의 심각한 재정 문제에 대한 해결책을 찾기 위해 구체제 기관인 삼부회를 소집했다. 그러나 투표를 신분별로 할 것인가, 개인별로 할 것인가로 갈등이 일어났다.

6월 17일 제3신분은 삼부회가 곧 '국민 의회'임을 선포하고 나머지 두 신분 중 일부 대표들이 여기에 동참했으나, 왕이 이들을 건물 밖으로 내쫓았다.

6월 20일 쫓겨난 대표들이 테니스코트에 모여서 헌법이 제정될 때까지 해산하지 않겠다고 결의(테니스코트 선서)함으로써 왕이 이에 굴복했다.

7월 9일 제헌 국민 의회로 공식 출범했다.

이 무렵 국왕이 병력을 파리 주변에 배치하여 긴장이 고조되고, 인기 있는 재상 네케르(스탈 부인의 아버지)를 해임했으며, 이런 것들이 모두 시민을 자극했다.

7월 14일 바스티유가 점령되고, 위기에 빠진 혁명 의회를 시민이 구한 결과가 되었다.

7~8월 왕과 귀족들이 제3신분을 뒤엎기 위한 음모를 꾸민다는 유언비어가 퍼져서 민중들이 동요했다(대공포 현

테니스코트의 선서. 자크 루이 다비드의 그림, 1791년.

상). 혁명은 이제 의회와 왕 사이의 갈등이 아니라 파리 시민을 비롯해 전국 농민들의 문제로 떠오르게 되었다.

8월 4일 의회에서 자유주의적인 의원들이 봉건제 폐지를 선언했다('봉건제의 자살').

8월 26일 인간과 시민의 권리를 선언하여 혁명의 새로운 정신적 토대를 마련했다.

바스티유 감옥 습격. 작가 미상.

10월 5일 군중들이 베르사유 궁으로 쳐들어가서 왕가를 파리로 '모셔'옴으로써, 왕실은 이제 혁명의 포로가 되었다.

재정 문제에 대해서 의회는 성직자 재산 몰수, 아시냐 화폐 발행, 토지 매각 등의 안을 제시했다.

1790년 6월 성직자 민사기본법을 통해 사제들을 국가 공무원화함으로써 사제들은 국가에 대한 충성을 선서하고 결혼을 강요받았다. 이를 따른 선서 신부와 이를 거부한 비선서 신부로 나뉘었다. 종교를 건드린 무리한 조치로 혁명이 격화되는 동시에 반혁명의 기운이 시작되었다.

1791년 헌법이 제정되고, 국왕은 '프랑스 국민의 왕'이자 정부 수반이 되었다. 재산에 따라 권리를 갖는 적극적 시민과 그렇지 못한 소극적 시민으로 구분하였는데, 이것은 과격파와 온건파 모두에게 불만을 샀다.

6월 왕실이 마차를 타고 야반도주하다가 들켜서 다시 파리로 붙잡혀 왔다(바렌 도주). 이런 섣부른 행동이 국민을 자극했다. 이 시기 민중 세력이 '클럽'과 '협회'를 통해 과격한 의사를 표출했다.

10월 새로운 헌법에 따라 선거를 통해 의회가 구성되었는데, 이 안에 여러 파벌이 생기고 그들 간에 정치 투쟁이 벌어졌다. 이 시기에는 지롱드파가 영도했다.

1792년 4월 지롱드파가 오스트리아에 선전 포고를 했다. 이런 상황에서 혁명이 격화되고 파리에 자코뱅 자치 정부가 세워졌다. 이것이 결정적인 국면으로서 혁명 부르주아 전위와 민중 세력이 결합했다. 지롱드파(보르도 지역 출신의 부르주아층)는 보수 편으로 돌아서고, 정치 클럽의 지지를 등에 업은 과격파 민주 인사들이 새로이 떠올랐다.

8월 튈르리 궁을 침입함으로써 학살 행위가 본격화되었다.

튈르리 궁 침입. 자크 베르토의 그림, 1793년.

9월 군중들이 1000여 명을 즉결 재판한 후 학살했다.
9월 20일 프랑스 혁명군이 발미에서 승리를 거두어 혁명에 대한 자신감이 생겨났다.
9월 21일 공화국을 선포하고 의회는 국민 공회로 바뀌었다.
　의회 내에 정치 투쟁이 격화되는데, 특히 국왕 처리 문제를 놓고 지롱드파와 산악파가 대립했다. 로베스피에르가 이끄는 산악파는 국왕을 처형할 것을 주장했다.
1793년 1월 15일 루이 16세에 대한 유죄가 선고되었다.
1월 21일 국왕이 처형되었다.
　전쟁이 확대되고 흉작과 불황으로 국내 경제 문제가 악화되었으며, 이것이 혁명의 에너지를 공급했다.
6월 2일 자코뱅파가 지롱드 의원을 체포하고 공포 정치가 시작되었다. '인민의 면도날'이라 불리는 기요틴이 등장했다.
6월 24일 산악파 민주 헌법(1793년 헌법)을 가결했지만 전시이므로 곧바로 무기한 연기되었다.
　상퀼로트층(계급·계층적 개념이 아니라 의식화된 세력)이 등장하여 의회 내 산악파와 결탁했다. 이 상황에서 방데 지방에서 반혁명 세력이 반란을 일으켰다. 공포 정치 중 실제 정치는 공안위원회가 담당하고 그 하부 조직인 치안위원회와 혁명재판소가 구체적인 조치들을 내렸다.
1794년 2만 명 정도 처형되었으며 병적 흥분 상태였다.

국민개병제, 최고가격제, 혁명력 사용, 의복 변화, 미터법, 심지어 새로운 종교 (이성 종교)가 형성되었다.

정부는 지나치게 과격하게 나아가려는 민중을 통제하려고 하다가 혁명 정부와 민중 사이가 벌어졌다.

7월 27일 테르미도르의 반동으로 로베스피에르를 체포하여 처형했다. 식량 위기가 닥치자 민중들을 더 이상 제어하기 힘든 상태에 이르고, 이들을 대변하는 극좌파(에베르파)를 숙청하자 민중 세력이 혁명에서 떨어져 나갔다.

1795년 헌법이 제정되고 다시 온건한 혁명으로 귀환했다. 양원제를 실시했으며, 의원과 공직은 모두 상당한 재산이 기준이 되었다.

민중 운동은 지도력을 상실하고 산악파는 방향 감각이 없는 상황에서 다만 정부는 자신들을 공격하는 세력을 억압했다. 상퀼로트가 무장 해제되고 민중 투사가 투옥되었으며 산악파 잔여 세력이 제거되었다.

1795년 10월~1799년 11월 5명의 집정들이 통치하는 방식인 집정부제가 실시되었다.

양극(왕당파와 자코뱅)의 음모가 모두 진압되었다. 특히 민중 세력의 마지막 불꽃이라 할 수 있는 바뵈프의 음모가 진압되었다.

계속되는 전쟁 상황에서 체제를 지키기 위해서 남은 힘은 군대뿐이었다.

1799년 11월 9일 나폴레옹이 쿠데타(브뤼메르 18일의 쿠데타)로 권력을 장악했다.

1804년 나폴레옹 스스로 황제임을 선언했다. ❊

옥좌에 앉은 나폴레옹. 앵그르의 그림, 1806년.

제국주의 시대의 성장 소설

로버트 루이스 스티븐슨의 『보물섬』

로버트 루이스 스티븐슨(1850~1894)의 『보물섬』은 해적 이야기의 고전으로서 1883년에 처음 출판된 후 오늘날까지 줄곧 큰 인기를 누려 왔다. 해적이라고 할 때 우리 머리에 떠오르는 낭만적인 이미지는 대부분 이 작품에 뿌리를 두고 있다 해도 과언이 아니다. 외다리 해적, 앵무새를 어깨에 얹고 다니는 선원, 해적 집단 내에서 심판과 처형을 알리는 검정 딱지, 무인도에 선원을 하선시키는 처벌 방식 등은 모두 이 작품을 통해 널리 알려졌다.

이런 요소들은 소설 속에만 존재하는 게 아니라 지난 시대 해상 세계에서 실제로 있었던 것들이다. 오히려 가장 사실성이 떨어지는 것은 이 소설의 주 소재인 '보물섬'의 존재이다. 해적들이 약탈한 금은보화를 숨겨 놓은 열대의 섬, 그리고 그곳을 표시해 놓은 비밀 지도 같은 것은 우리의 상상력을 자극하는 흥미로운 이야깃거리이지만 실제로 그런 일이 일어났을 법하지는 않다. 해적들이 약탈한 화물은 우리가 흔히 생각하는 것과는 달리 금은보화가 아니라 대개 곡물, 염료, 가죽 제품 같은 일반 화물이었으며, 해적들은 이렇게 약탈한 화물을 팔아서 마련한 돈을 곧장 써 버렸다. 그들은 당장 생계를 유지하기에 바빴고, 또 설사 여유 자금이 생기더라도 흥청망청 낭비했지 내일을 위해 저축하는 습성은 없었기 때문이다.

소설이나 할리우드 영화에서 그리는 내용과 실제 해적 세계의 모습은 큰 차이가 난다. 말하자면 전자는 실제 사실이라기보다는 과거 역사에 대한 해석이다. 『보물섬』 같은 해적 소설은 19세기 후반부터 크게 유행했지만 사실 해적의 전성기는 그보다 150~200년 전인 18세기 전반기였다. 『보물섬』에서 벌어진 사건들의 연대도 '17××년'으로 되어 있다. 그렇다면 왜 한두 세기 전 해적 이야기가 뒤늦게 다시 인기를 얻게 되었을까?

조금 다른 관점으로 보면 18세기의 수많은 해적들은 서구 세계가 급격하게 해상 팽창을 하면서 나타난 현상이었다. 그러다가 제국주의 시대인 19세기 후반에 유럽 여러 나라와 미국이 다시금 해외 팽창과 식민 지배에 총력을 기울이게 되었을 때 이전 시대의 해적 현상을 새삼 주목하게 된 것이다. 『보물섬』은 말하자면 2차 해외 팽창 시대를 맞이하여 1차 해외 팽창 시대를 되돌아보고 평가하는 진술에 해당한다.

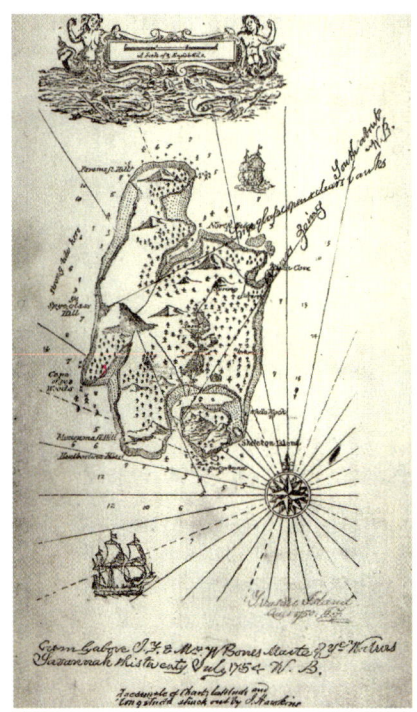

『보물섬』은 보물과 보물 지도에 대한 환상을 사람들에게 심어 주었다. 『보물섬』의 삽화, 1883년.

먼 이국의 낯선 섬에 묻힌 금은보화를 찾아 나서는 모험 이야기인 『보물섬』은 마땅히 인간의 탐욕에 대해 도덕적으로 비판하는 좋은 텍스트가 된다. 재화에 대한 지나친 욕심은 결국 파멸을 불러오고, 특히나 사악한 해적 집단은 목숨을 잃거나 비참한 지경에 빠지게 된다는 것이다. 그런데 그렇게 정리하자면 작가의 주장에 모순이 생긴다. 재화에 대한 욕심을 경계해야 한다는 교훈은 해적만이 아니라 주인공과 그 주변 인물들에게도 해당되어야 마땅하다. 그러나 작가는 사악한 해적들의 탐욕은 비난하면서 선한 주인공 일행이 보물을 구하는 것은 용감하고도 의로운 행위로 칭송하고 있다. 사실 원론적으로 보면 해적들이나 주인공이나 모두 로또와도 같은 보물찾기에 목숨 걸고 달려든다는 점에서는 조금도 다를 바가 없다. 모험심 강한 영특한 소년과 해적 사이에는 도대체 어떤 차이가 있단 말인가?

로버트 루이스 스티븐슨. 존 싱어 사전트의 그림, 1887년.

양편을 가르는 결정적 기준은 '국가'이다. 즉, 국가의 편에 서서 해외로 나가 폭력을 휘두르면 해군이나 사업가가 되고, 국가의 명령을 위반하면서 해외로 나가면 해적이 된다. 그 밖에 본질적인 차이는 없다. 아우구스티누스의 『신국』에서 이를 잘 표현하는 구절을 찾을 수 있다. 알렉산더 대왕이 사로잡힌 해적에게 왜 바다를 어지럽히면서 도둑질을 하느냐고 물었을 때, 해적은 오만불손한 태도로 이렇게 대답했다. "세계 각지에 출몰하는 당신과 다를 바 없소이다. 다만 나는 작은 배를 타니까 해적이라 불리는 것이고, 당신은 막강한 해군을 가지고 있으니 황제라 불릴 뿐이오." 『보물섬』에서 설파하는 도덕률이 모호한 까닭이 바로 이 때문이다.

『보물섬』은 주인공 짐 호킨스의 아버지가 운영하는 여인숙에 전직 해적 선원이 투숙하는 것으로 시작된다. 그는 보물섬 지도를 몰래 빼돌려 가지고 도망쳤기 때문에 다른 해적들의 추적을 받는 상태이다. 과연 어느 날 예전의 해적 일당이 찾아와서 양쪽이 싸우고 죽고

하는 와중에 보물섬 지도가 짐의 손안에 들어온다. 짐은 대지주 트롤리니와 의사인 리브지와 상의하였고, 그 결과 이들은 의기투합하여 보물섬을 찾아가기로 한다. 그런데 배(이스파뇰라호)를 준비하고 선원들을 모집하는 동안 비밀이 새 나가서, 보물섬의 지도를 찾아 헤매던 해적 선원들이 신분을 숨기고 이 배에 타게 된다. 그리하여 지주와 의사로 대변되는 영국 상층 계급의 모험가와 하층민 출신의 해적들이 한배에 승선해서 해외 모험 사업을 놓고 충돌이 벌어지게 된다.

나중에 밝혀지는 바이지만 해적들을 지휘하는 인물은 선상 조리사로 위장해서 승선해 있는 롱 존 실버라는 외다리 선원이다. 이들은 모두 예전에 유명했던 해적 선장 플린트의 배에 탔던 해적들이고, 실버는 그 배의 조타수였다. 실버는 '국가'와 '해적' 양쪽 세계에 걸쳐 있으면서 두 집단을 오가는 특이한 인물이다. 그는 원래 뛰어난 영국 해군이었으며, 특히 프랑스 해군과 싸운 해전에서 승리를 거두고 영국을 지켜 낸 호크 제독 밑에서 복무하다가 한쪽 다리를 잃은 것으로 설정되어 있다.

그래서일까, 그는 여느 해적과는 다른 심성과 행태를 보인다. 다른 해적들이 술 마시고 흥청망청 쓰느라고 한 푼도 모으지 못하는 데 비해 그는 많은 돈을 벌어서 은행에 저축해 놓았고, 아프리카 출신 여인과 결혼해서 가정도 잘 꾸려 가는 것으로 되어 있다. 그는 "안 쓰는 게 버는 것"이라는 부르주아적 관념을 가진 인물이다. 그러면서 해적으로서도 뛰어난 자질을 보여서 플린트 선장이 유일하게 두려워한 인물이었다고 묘사된다. 실버가 결코 선한 주인공은 아니면서도 나중에 주인공 짐 호킨스와 일종의 동맹을 맺고 그를 보호하게 된 데에는 이처럼 양쪽 세계와 소통하는 그의 독특한 성질 때문이라 할 수 있다.

지주 일행은 선원들 중 대다수가 해적들이라는 것을 전혀 눈치 채지 못했는데, 짐이 우연히 그들의 대화를 엿들어 그 사실을 알게 된다. 지주 일행은 이제 조심스럽게 사태에 대처하기로 하지만 사실 그들의 목숨을 구하고 사업을 성공으로 이끈 것은 주인공인 짐 호킨스 소년의 엉뚱한 모험 정신이다. 기성세대의 사려 깊은 지혜보다는 차라리 새로운 세대의 패기가 결정적인 돌파구를 마련하며 그 과정에서 소년이 다음 세대의 주역으로 자라난다는 점에 주목한다면,『보물섬』은 전형적인 성장 소설의 구도를 띤다.

해적 패거리들과 떨어져서 섬에 상륙한 지주 일행은 3년 전 이 섬에 홀로 버려진 벤 건이라는 인물이 지어 놓은 오두막을 찾아내서 그곳을 근거지로 삼아 해적들과 대결을 벌인다. 이 오두막은 영국이라는 국가의 상징이다. 그들은 이곳에 자랑스럽게 영국 국기를 게양한다. 아직 배에 남아 있던 해적들이 이 국기를 목표물로 삼아 대포를 쏘지만 섬 위의 일행은 그런 위험을 무릅쓰면서까지 깃발만은 내릴 수 없다고 결정한다. 국가의 편에 서 있다는 것이 바로 해적과 그들 사이의 결정적 차이이기 때문이다.

"선장, 이 집은 배에서는 전혀 보이지 않소. 놈들이 겨냥하는 것은 저 국기임에 틀림없소. 저걸 거두는 게 낫지 않겠소?"
"내 국기를 내리라뇨!" 선장이 소리쳤다. "안 됩니다. 그렇게는 못 합니다."

그가 말을 마치자 우리는 모두 선장의 의견에 동조했다. 왜냐하면 그것은 뱃사람다운 패기였을 뿐 아니라, 훌륭한 전략이기도 했기 때문이다. 아울러 그것은 놈들의 잇따른 포격 따위는 안중에도 없다는 걸 시위하는 것이기도 했다.

해적과 싸우는 가운데 선원 한 명이 총에 맞아 죽는데, 이처럼 이야기 전개에 별로 중요하지 않은 사소한 부분에서 저자의 관점이 자연스럽게 노출되는 수가 있다.

"화약과 총알은 충분합니다. 하지만 식량이 모자랍니다. 그것도 아주 턱없이 모자랄 판이에요. 리브지 선생, 저 군입 하나라도 던 게 우리에겐 오히려 더 잘된 지경이니 말입니다."

식량이 모자라는 판에 선원 하나가 죽은 게 차라리 잘됐다는 평가이니, 선장이나 지주, 의사 등 상층 인사들이 하급 선원들을 어떤 시각으로 보는지 적나라하게 드러난다. 일반 선원은 공장제가 일반화되기 이전 시대에 이미 존재했던 최초의 프롤레타리아라 할 수 있다. 이들은 지극히 위험하고 열악한 환경에서 고된 육체적 노동을 해야 했으며, 간부 선원들의 심한 압제에 시달려야 했다. 언제 무슨 대형 사고가 터질지 모르는 망망대해에서 극심한 스트레스를 받으며 힘겹게 살아가야 하는 선원들로서는 차라리 해적이 되어 짧고 굵게, 그리고 멋지게 살고픈 욕망에 빠지게 되는 것도 무리가 아니다. 어차피 인간 대접 못 받으며 뼈 빠지게 고생하는 것이 벗어날 수 없는 이들의 운명이기 때문이다. 이런 점에서는 일반 선원들과 해적 사이에 본질적인 차이는 없으며, 양자 모두 알 수 없는 내일을 기약하기보다는 오늘을 즐기는 것을 택했다.

일반 선원과 해적이 가진 공통적인 문제점 중 하나는 모두 산업화 시대 노동자들처럼 심각한 알코올 중독에 빠져 있었다는 것이다. 지주 일행은 해적들이 패배할 수밖에 없는 중요한 이유 중 하나로 럼주를 든다. 해적들은 기회가 닿는 대로 술을 마셔서 결국 자멸하는 것으로 그려진다. 짐 호킨스가 배를 다시 차지하게 된 것도 이 때문이다. 짐은 벤 건이 만든 쪽배(코라클)를 타고 히스파뇰라호에 접근해서 배를 지탱하는 밧줄을 끊어 배가 표류하도록 만든다. 선상의 해적들은 술에 취해 이런 사실도 모른다. 짐이 배에 올라가 보니 그들은 이제 서로 싸우다가 살인을 벌이고 있다. 짐은 살아남은 자도 마저 처치하고 손쉽게 배를 다시 접수한다. 이 배가 안전한 만(灣)으로 들어가자 짐은 배에서 내려 오두막으로 달려간다.

그런데 그가 오두막으로 돌아가 보니, 이게 웬일인가? 오두막은 어느 새 해적들의 근거지가 되어 있고 별수 없이 그는 해적들의 포로가 되고 만다. 그가 없는 동안 지주 일행이 해적들과 타협하여 오두막과 보물섬 지도까지 넘겨주고 떠난 것이다. 그 이유는 나중에 밝혀진다.

짐은 포로로 잡혀 있는 동안 해적들 사이의 내분을 똑똑히 보게 된다. 그동안 실버의 강압적인 태도에 불만을 품고 있던 해적들이 그를 규탄하고 처형하려고 하는 것이다. 이 부분에서 우리는 이른바 해적들의 '민주적인' 회의 방식을 볼 수 있다. 우리의 생각에는 예컨대 해적들 사이에 분란이 일어나서 부하들이 지휘관을 없애 버리고 싶어 하면 간단히 처형해 버릴 것으로 생각하게 된다. 물론 그런 일도 있었을 테지만, 일반적으로 해적들은 이런 때에 대개 정해진 절차를 밟아서 일을 처리했다. 해적 집단 내부가 완전히 무법천지라고 생각하면 오산이다. 그들은 물론 기존의 국법을 어기고 사는 사람들이지만 그들 내부의 규칙은 철저히 지킨다. 사실 그렇게 하지 않고 완전히 무질서하게 살다가는 망망대해에서 표류하다가 목숨을 잃기 십상이다. 소설에서 해적들이 총회를 열고 검정 딱지를 발행하여 재판을 하는 것도 그와 같은 '그들만의 민주주의 절차'에 따른 일이다.

위기를 맞자 실버는 짐 호킨스에게 동맹을 하자고 제안한다. 해적들이 모두 오두막에서 나가 머리를 맞대고 회의를 하는 동안 실버는 짐과 서로를 지켜 주기로 맹세하고, 자신은 이제 지주 편으로 전향하기로 했다고 선언한다. 실버는 과연 진정으로 마음을 돌린 것일까? 진심이었는지 전략적으로 그런 척한 것인지 자세히 알 수는 없는 일이다. 하여튼 해적들이 돌아와서 검정 딱지를 건네주며 재판을 열자 실버는 지금까지 사업을 성공적으로 끌고 온 것이 자기 덕분이 아니었냐며 당당하게 주장을 펴서 오히려 해적들의 지지를 다시 얻어 내는 데 성공한다. 이 과정에서 무엇보다도 결정적인 것은 지주 일행에게서 넘겨받아 혼자 숨겨 가지고 있던 보물섬 지도를 해적들 앞에 내놓은 것이다.

해적들은 만세를 부르며 실버를 지도자로 재추대한 뒤 본격적으로 보물이 묻힌 곳을 찾아 나선다. 그런데 보물이 있다는 지점에 거의 다 왔을 때 실버는 다시 표변한다. 실버는 이 소설에서 선과 악의 경계에서 가장 모호한 위치에 있는 인물이다.

황금을 눈앞에 두게 되자, 그는 그 밖의 모든 것은 깡그리 잊어버렸다. 자기가 한 약속과 의사 선생의 경고 따위는 둘 다 지나간 옛일이었다. 보물을 손에 넣으면 그는 밤을 틈타 이스파뇰라호를 찾아 타고 섬의 정직한 사람들을 모조리 해치운 다음, 애초에 마음먹은 대로 멀리 달아날 심산이라는 것은 의심할 여지가 없었다. 배에는 죄악과 재물을 가득 싣고서 말이다.

해적이든 국가든 보물에 대한 탐욕에 눈이 멀기는 마찬가지이다. 『보물섬』의 삽화, 1883년.

그런데 막상 보물이 묻힌 곳에 도착해 보니 보물은 사라지고 없다! 이미 오래전에 벤 건이 보물을 발견하여 딴 곳으로 옮겨 놓았던 것이다. 지주 일행이 그토록 쉽게 지도를 넘겨준 것도 이미 벤 건에게 들어 그런 사실을 알고 있었기 때문이다. 해적들 간에 말다툼이 일어나 막 싸움이 시작되려는 순간 이들을 추적해 온 지주 일행이 총을 쏴서 일부는 총에 맞아 죽고 일부는 달아나서 자연스럽게 무인도에 남겨지는 처벌을 받게 된다. 짐 호킨스와 지주 일행은 보물을 실고 본국으로 돌아온다.

해외의 보물을 얻고 돌아와서 자립하는 소년의 이야기는 제국주의 시대의 성장 소설이라 할 수 있다. 본격적으로 대서양과 태평양으로 진출해 나가려는 미국의 입장에서 그들의 역사적 모국인 영국의 해상 사업에 대해 재평가하려는 시도는 자연스러운 것이었다. 사실 우리가 '해적'이라고 할 때에는 너무나 당연하게 사악한 집단이라고 생각하지만, 그것이 전적으로 타당한 것은 아니다. 초기의 해적은, 아주 좋게 해석하면, 국가를 대리하여 해외 사업을 수행한 사업가였고 국민들의 지지를 받는 영웅이었다. 영국의 대표적인 해적인 드레이크는 엘리자베스 여왕으로부터 '경'의 칭호를 받은 민족 영웅이었다. 소설 속에서 지주와 의사 같은 상층 인사들도 당대의 해적들에 대해 한편으로 비난하면서도 다른 한편으로 "플린트 같은 해적이 영국인이라는 것이 자랑스럽다."고 평가하는 것도 이런 사실을 반영한다. 근대 초기에 영국은 '해적 국가'로 출발했던 것이다.

근대 초기에 영국은 해적 국가로 출발했다. 해적 드레이크를 지원한 엘리자베스 1세.

그러나 시간이 흘러 18세기부터는 과거 민간이 담당했던 해외 팽창 사업을 국가가 직접 담당하게 되자, 해적은 더 이상 국가에 공헌하는 존재가 아니라 국가에 폐를 끼치는 문자 그대로의 해적 집단이 되었다. 이제 이들은 국가 권력에 의해 제거되어야 하는 대상으로 전락하고 만 것이다.

근대 자본주의 세계는 모험을 통해 큰돈을 버는 세계가 아니던가. 그리고 그 성공은 영리한 영업 능력과 강력한 무력이 결합해야 가능한 일이다. 짐 호킨스 같은 영특한 소년들은 과거의 지저분한 해적들과 결별하고 국가의 틀 속에서 사업을 벌이는, 버전 업된 '신세대 해적'(제국주의자)으로 성장하여 세계의 보물들을 찾아 나설 것이다. 그것은 고작 소수 선원들의 약탈 행위를 통해 부를 얻는 수준이 아니라, 국가가 군사력을 동원하여 지원하는 가운데 사업가들이 세계의 시장을 장악하여 훨씬 더 효율적이고도 대규모로 부를 쌓는 수준으로 올라가는 것을 뜻한다.

드레이크, 해군 제독이 된 해적

프랜시스 드레이크

프랜시스 드레이크(1540~1596)는 1570년과 1571년에 서인도제도 항해에 참가했다가 에스파냐 측의 공격을 받아 많은 선원들이 죽자 에스파냐 국왕 펠리페 2세에 대한 복수를 다짐한다. 그는 1572년에 본격적인 항해를 시작했는데, 엘리자베스 여왕은 그에게 에스파냐의 영토에서 약탈해도 좋다고 승낙을 해 주었다. 그는 70톤급의 '파샤호'와 25톤급의 '스완호' 두 척으로 파나마의 놈브레데디오스를 공격해 엄청난 재물을 빼앗았다.

1577년에 드레이크는 남아메리카 대륙을 돌아 그 너머의 해안을 탐사하기 위한 원정대의 대장으로 선발되었다. 이 항해 중에 에스파냐인들에게 최대한의 손해를 입히는 동시에 여왕과 드레이크 자신의 이익을 추구해도 좋다는 허가를 받았다. 5척의 원정대 가운데 다른 배들은 모두 탈락하여 일찍 귀국하고 드레이크가 탄 '골든 하인드호'만 태평양 탐험을 수행할 수 있었다. 당시 에스파냐인들은 다른 나라 배가 태평양에 들어오리라고는 전혀 예상하지 못했다. 드레이크는 발파라이소에서 식량을 노획했으며, 에스파냐 상선을 공격해 큰 재물을 탈취했다. 그는 북아메리카 대륙을 횡단하여 태평양과 대서양을 연결하는 북서 항로가 존재하는지 알아보려고 밴쿠버 근해를 항해하다가 매서운 추위를 만나자 남쪽으로 내려와서 지금의 캘리포니아 주 샌프란시스코 북쪽에 정박했다. 그는 이 지역을 '뉴알비온'(알비온은 영국의 별칭)이라고 이름 붙이고 엘리자베스 1세의 소유로 정했다.

그 후 드레이크는 태평양을 가로질러 서쪽으로 항해해서 필리핀과 몰루카 제도를 거쳐 희망봉을 돌아 영국으로 귀환했다. 그는 살아서 세계일주에 성공한 첫 번째 선장이 되었다(이전에 마젤란은 세계일주 도중에 사망하여 그의 부하가 항해를 완수했다). 에스파냐는 드레이크가 자신들 해역에서 해적질을 했다고 비난했으나, 엘리자베스 여왕은 '골든 하인드호'에 몸소 올라 드레이크에게 기사 작위

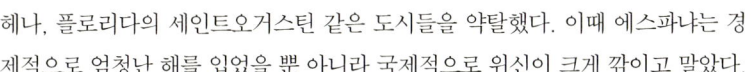

캘리포니아에 정박한 드레이크.

를 내렸다.

　1585년 여왕은 그를 25척의 배로 구성된 함대의 지휘관에 앉히고 에스파냐에 될 수 있는 한 큰 타격을 가하라고 명했다. 그는 명령을 충실하게 지켜 콜롬비아의 카르타헤나, 플로리다의 세인트오거스틴 같은 도시들을 약탈했다. 이때 에스파냐는 경제적으로 엄청난 해를 입었을 뿐 아니라 국제적으로 위신이 크게 깎이고 말았다.

　에스파냐는 보복을 계획하여 대규모 함대를 준비했다. 이 사실을 안 엘리자베스 여왕은 1587년에 다시 드레이크에게 30척의 함대를 지휘하여 선제공격을 하도록 명령했다. 그는 에스파냐의 카디스 항을 공략해서 수천 톤에 이르는 화물과 보급품을 파괴했다. 그 피해가 너무나 커서 에스파냐는 무적함대의 발진을 1년 미루지 않을 수 없었다. 1588년, 에스파냐는 국가의 재원을 총동원해서 무적함대를 구성하여 영국을 공격했다. 그러나 하워드 경(제독)과 드레이크(부제독)가 지휘하는 영국 해군의 공격을 받아 전력이 약화된 데다가 심한 폭풍우를 만나 패퇴했다. 드레이크는 1596년에 다시 서인도제도의 에스파냐 영토를 공격하는 원정에 참가했다가 열병에 걸려 그곳에서 사망하여 바다에 수장되었다.

　드레이크는 영국인들에게는 민족 영웅이지만 에스파냐인들에게는 악마 같은 해적이었다. 에스파냐 국왕 펠리페 2세는 드레이크의 목에 현상금 2만 두카트를 걸었는데, 이는 지금으로 치면 약 600만 달러에 해당하는 거액이었다.

　16~17세기 드레이크 같은 해적들의 활동을 보면 개인의 이익을 위한 강탈 행위와 국가를 대신해 적을 공격하는 전투 행위가 뒤섞여 있음을 알 수 있다. 당시 각국 정부는 국가가 직접 전쟁을 하기 힘든 상황에 놓였을 때 개인업자에게 공격 면허를 부여하여 국가 대신 전쟁을 하도록 위임한 셈이다. 이처럼 국가의 허락을 받은 해적들을 사략선(私掠船) 업자라 부른다. 이런 해적들이 사라진 것은 18세기 이후 국가가 해군을 통솔해 모든 전쟁을 직접 관장하게 된 뒤부터이다. 이제 해적 행위는 충성스러운 임무가 아니라 오히려 국가 이익을 해치는 행위로 인식되었으며, 해적은 국법을 위반하며 사적 이익을 추구하는 도적의 무리로 변하였다. ✽

드레이크는 에스파냐의 함대를 크게 패퇴시켰다.
루테르부르의 그림.

> 바다를 지배하는 자가
> 세계를 지배한다

쥘 베른의 『해저 2만 리』

바다는 살아 있는 무한(無限)입니다. 바다는 자연의 광대한 저장고입니다. 지구는 바다에서 시작되었고, 결국 바다로 끝날지 모르지요. 바다에는 완벽한 평화가 있습니다. 바다는 폭군의 것이 아닙니다. 해수면에서는 아직도 부도덕한 권리를 주장할 수 있고 인간들이 서로 싸우고 서로를 파멸시키고 온갖 잔학 행위를 저지를 수 있지만, 수면에서 10미터만 내려가면 그들의 힘은 사라지고, 그들의 영향력은 시들고, 그들의 권위는 자취를 감춥니다. 바다의 품에 안겨서 살아 보세요! 오직 바다에서만 인간은 독립을 누릴 수 있습니다! 이곳에서 나는 어떤 지배자도 인정하지 않습니다! 여기서는 누구나 자유롭습니다!

이렇게 주장하며 초강력 잠수함 노틸러스호를 타고 해저 세계를 유유히 돌아다니는 신비로운 인물, 거의 만능에 가까운 육체적·정신적 능력을 소유하고 있으면서 무서운 증오와 복수심에 불타는 '까칠한' 성격의 주인공, 이것이 세계에서 가장 유명하고 또 가장 널리 읽히고 있는 해양 모험 소설 『해저 2만 리』에 등장하는 네모 선장이다.

'네모'는 사각형과는 관련이 없고 라틴어로 '누구도 아닌 자'(nobody)라는 뜻이다. 호메로스의 『오디세이아』에서 주인공 오디세우스가 자신을 그처럼 '누구도 아닌 자'라고 부른 적이 있으니, 네모 선장은 현대 세계의 오디세우스에 해당한다. 국적과 이름을 지워 버린 채 미지의 해저 세계로 숨어 버린 그는 정말로 문명과 사회를 등지고 사라진 것일까? 그런 것 같지는 않다. 그 자신이 뭐라고 주장하든 그는 이 작품이 출판된 1870년 무렵 유럽의 정치 현상, 과학과 산업 발전, 제국주의적 꿈과 깊은 연관성을 가진 인물이다.

노틸러스호 계획을 의논하는 네모 선장과 아로낙스 박사.
『해저 2만 리』의 삽화, 1871년.

소설 속 화자인 프랑스인 아로낙스 박사는 세계의 바다 이곳저곳에 출몰하여 선박들에게 해를 입히는 어떤 고래를 처치하는 사업에 참여하게 된다. 그를 보조하는 두 인물로는 해양 동물 분류에 탁월한 실력을 갖춘 플랑드르 출신의 하인 콩세유, 그리고 건장한 체격에 공격적인 성격을 가진 프랑스계 캐나다인 작살꾼 네드 랜드가 있다. 네드 랜드는 한번 작살을 던지면 고래 한 마리의 심장을 꿰뚫고 또 다른 고래의 머리에 꽂혀서 두 마리를 한 번에 잡는 괴력을 자랑한다(아무리 과학 소설을 표방한다 해도 소설가는 기본적으로 과장이 심한 사람들이다).

그들은 미국 군함을 타고 바다를 헤매다가 드디어 문제의 '고래'를 만나 사투를 벌인다. 그러나 오히려 군함이 손상을 입어 바다에 빠지게 된 세 사람은 '고래'의 등 위에 올라타게 되는데, 놀랍게도 그것은 금속성 선박의 표면이었다. 이것이 바로 네모 선장이 지휘하는 잠수함 노틸러스호였던 것이다. 세 사람은 곧 이 배 안에 잡혀 들어

가서 네모 선장의 포로 겸 손님으로 세계의 바다를 함께 여행한다.

네모 선장은 결코 자신의 이야기를 털어놓지 않지만, 세 사람은 그가 막대한 부를 소유한 대부호로서 어떤 정치적 격변으로 큰 피해를 본 후 증오와 복수심에 불타는 인물이 되었으며, 그 결과 문명 세계를 벗어나서 해저에서 과학적 탐구를 하고 있다는 것을 알게 된다.

우리는 주인공들이 전 세계의 바다를 돌아다니며 신기한 해양 현상들을 관찰하는 것을 따라서 보게 된다. 이 책을 읽는 색다른 즐거움 중 하나가 그와 같은 신기한 사실들을 알게 되는 것이다. 그 가운데에는 '해초로 만든 담배'처럼 불가능해 보이는 이야기들도 있지만, 쥘 베른(1828~1905)이 읽은 각종 여행기와 과학 서적의 내용들을 옮겨 온 실제 사실들도 많다. 예컨대 암보이나(인도네시아의 섬 암본의 옛 이름) 해안과 주변 바다에서 바다 색깔이 우윳빛으로 되는 우유바다 현상(젤라틴처럼 반투명하고 희미한 빛을 내는 몸길이 0.2밀리미터의 원생동물인 적충류가 모여서 수 킬로미터를 이룰 때 이런 현상이 나타난다고 한다), 진주의 종류와 채취 방법, 생긴 모양 때문에 인어로 오해를 받으며 환상적인 고기 맛 때문에 남획되어 거의 멸종 위기에 몰린 듀공이라는 동물, 또 이 작품을 통해 더욱 유명해진 대왕오징어(최대 14미터까지 자라는 가장 큰 연체동물이다) 등이 그런 것들이다.

그런데 도대체 네모 선장은 어느 나라 사람이며, 그를 바다로 내몬 그 사건은 무엇이란 말인가?

작가는 이 작품에서는 이 점을 일부러 모호하게 남겨 놓았다가 다음 작품인 『신비의 섬』에서 밝히는 방식으로 처리했지만, 그러는 동안 저자의 원래 구상이 크게 바뀌고 말았다. 원래 네모 선장은 폴란

쥘 베른

드 귀족으로서, 이 가문 사람들이 러시아의 폴란드 지배에 항의하는 봉기(1863)에 가담했다가 러시아군에 의해 모두 학살당했기 때문에 그가 러시아에 대해 적개심을 가진 것으로 설정되어 있었다. 그러나 당시 프랑스와 러시아는 동맹 관계여서 이 베스트셀러 작가의 작품에서 그렇게 노골적으로 러시아를 비판할 경우 외교 문제로 비화될 우려가 있었다. 게다가 그의 소설이 러시아 독자들에게 큰 인기를 누리고 있었기 때문에, 출판사 쪽에서도 이 부분을 바꾸자고 작가에게 제안했다. 결국 후속 작품에서 네모 선장의 미스터리가 밝혀지는 부분에서는, 그가 원래 인도인인데 1857년 영국의 식민 지배에 항의하는 봉기가 일어났을 때 영국인들에 의해 일가친척이 몰살당한 것으로 처리되었다. 프랑스의 전통적인 라이벌인 영국을 이런 식으로 비판하는 데에는 큰 문제가 없었던 모양이다. 다만 선장의 방을 묘사하는 부분에서 이민족의 억압에 저항한 영웅들의 초상화가 걸려 있는데, 그 가운데 "폴란드는 끝났는가!"라고 외치며 죽어 간 코슈추슈코의 초상화가 눈에 띤다는 점이 원래 구상의 흔적으로 남아 있을 뿐이다.

그런데 소설의 끝 부분에서 이러한 구상의 변화가 크게 문제가 되는 에피소드가 전개된다. 군함 한 척이 노틸러스호를 괴물 고래로 오인하고 포격을 했는데 네모 선장은 다른 사람들이 만류하는데도 듣지 않고 그 배를 반드시 격침시켜야 한다고 주장한다. 그 배는 "저주

받은 나라의 배", 즉 네모 선장에게 불행을 가져다준 국가의 선박이다. 이 배는 노틸러스호의 공격을 받아 그 안에 타고 있던 모든 선원들이 비참하게 익사하고 만다. 수많은 무고한 선원들이 영문도 모른 채 죽어 가는 이 부분이 너무 잔혹하지 않느냐고 출판사가 문제를 제기하자 저자는 격론 끝에 결국 이 배의 국적을 명백하게 밝히지는 않은 채 배를 침몰시키는 것으로 합의를 보았다고 한다.

엄청난 인명 살상을 하고 난 뒤 네모 선장은 자신의 방에 틀어박힌 채 괴로워한다. 선장이 이처럼 배를 지휘하지 않고 내버려 둔 동안 노틸러스호는 노르웨이 앞바다의 거대한 소용돌이인 메일스트롬에 말려들어 가서 위기를 맞는다. 아로낙스 박사와 두 명의 동료가 정신을 잃었다가 "눈을 떠 보니 세 사람이 어느 바닷가 오두막집에 누워 있었다."는 고전적인 방식으로 일단 이 책은 마무리되고, 뒷이야기는 후속작 『신비의 섬』에서 새롭게 전개된다.

『해저 2만 리』는 지금부터 140년 전에 쓰여진 작품이라고는 믿기 어려울 정도로 아직도 흥미진진하게 읽

19세기 후반은 새로운 과학 기술에 대한 관심이 뜨거웠다. 전화, 전기, 기차, 자동차는 모두 19세기 후반에 발명되었다. 그림은 1889년 파리 국제 박람회의 기계관 중앙 돔 내부.

히는 작품이다. 그 시대의 과학 기술을 소개하는 내용도 생각보다 그렇게 구식이라는 느낌을 주지는 않는다. 노틸러스호는 19세기 후반의 2차 산업혁명을 주도한 전기 산업과 기계 산업을 대변한다고 할 수 있다. 노틸러스호를 만드는 과정에 대해서는, 용골은 프랑스의 크뢰조 제철소, 구동축은 영국의 펜 회사, 선체의 철판은 리버풀의 레어드 회사, 기계류는 독일의 크루프 회사, 정밀 기기는 뉴욕의 하트 형제 회사가 만든 다음, 이 모든 것들을 가져다가 작은 무인도의 공장에서 직접 조립한 것으로 설명한다.

> "1000미터 깊이까지 내려가면 노틸러스호의 외벽은 100기압의 압력을 받게 됩니다. 그때 배의 무게를 줄여서 다시 수면으로 돌아가기 위해 보조 탱크를 비우려면, 100기압의 압력을 이겨 낼 수 있는 강력한 펌프가 필요합니다. 100기압이라면 1제곱센티미터당 100킬로그램의 압력인데, 그렇게 강력한 힘을……."
> "그런 힘은 오직 전기만이 낼 수 있습니다. 되풀이 말하지만, 내 기계류의 힘은 거의 무한합니다."

네모 선장과 아로낙스 박사가 나누는 이런 대화에서 우리는 당시 산업화가 한참 진행되고 있던 서구의 과학 기술과 경제력에 대한 강한 자긍심을 엿볼 수 있다. 그와 같은 강력한 힘은 곧 유럽 국가 간의 치열한 경쟁과 전 세계를 대상으로 한 제국주의적 갈등과 직결된다.

이 작품에는 19세기 프랑스 민족주의의 냄새도 짙게 배어 있다. 예컨대 이집트 원정을 감행했던 나폴레옹과 수에즈 운하를 건설한

레셉스를 두고, 이스라엘 민족을 이끌고 이집트를 탈출하여 홍해를 건넌 모세와 어깨를 나란히 할 만한 영웅으로 서술하는 식이다. 이 소설은 아직 수에즈 운하가 개통되기 전 시대에 쓰여져서 "이제 곧 운하가 뚫리면 홍해가 다시 옛날처럼 중요한 교통로가 될 것"이라고 예견하는 점도 흥미롭다. 영국에 대한 적대감도 꽤 크다. 이들은 프랑스 혁명 당시 영국 함대와 싸우다가 침몰한 방죄르호('복수'라는 뜻이다)를 해저에서

노틸러스호의 엔진실. 『해저 2만 리』는 당시 서구의 과학 기술과 경제력에 대한 자긍심을 반영한다.

우연히 발견하는데, 마침 그날이 바로 그 배가 침몰한 날로서 혁명력(프랑스 혁명 당시 제정했던 달력)으로 목월(牧月) 13일이라는 식이다!

바다는 누구의 것도 아닌 자유인의 세계라고 네모 선장이 주장하지만, 이 작품의 내용 자체가 이미 그것과는 다르게 그려져 있다. 바다는 더 이상 각국의 투쟁에서 비켜나 있는 곳이 아니다. 이전에 강대국이 대지를 분할하고 통치하듯이 과학 기술을 앞세운 강력한 국가가 곧 바다를 지배하게 될 것이고, 그것은 다시 세계의 지배로 이

어진다. 이 작품이 나오고 얼마 지나지 않아 미국의 유명한 해군 전략사가인 앨프레드 머핸(1840~1914)은 "바다를 지배하는 자가 세계를 지배한다."는 명언을 남겼다.

전반적으로 이 작품은 구태의연한 식민주의나 인종주의의 냄새 또한 강하게 풍긴다. 누구든 시대의 한계를 벗어나기는 역시 힘든 모양이다. 노틸러스호가 파푸아뉴기니의 어느 섬에 기항했을 때 그곳 주민과 만나는 장면을 보자. 주민들이 잠수함 주위에 몰려들었을 때 아로낙스 박사는 "원주민들이 사정거리 안에 들어와 있으니까 마음만 먹으면 쉽게 쏘아 죽일 수도 있었지만, 나는 그들이 정말로 적대적인 행동을 취할 때까지 기다리는 게 낫다고 생각했다. 유럽인이 야만인을 상대할 때에는 먼저 공격하기보다 공격을 받은 뒤에 재빨리 반격하는 편이 낫다."고 생각한다. 콩세유가 그들이 나쁜 의도를 가지고 있지는 않아 보인다고 말하지만 아로낙스 선장은 그들이 식인종이라고 단호히 말한다. "놈들이 정직한 식인종이고, 포로를 명예롭게 잡아먹는다는 건 인정하지. 하지만 나는 정직하게라도 잡아먹히기는 싫으니까 조심할 거야."

상대방을 악마로 만드는 가장 보편적 도식인 '식인종 신화'는 실로 끈질기게 살아남아서 이 작품에서도 등장하는 것이다. 결국 이 '야만인'들이 잠수함에 기어오르려고 하자 갑판에 전기를 흘려서 '벼락'을 맞게 만들고 만다. 전기로 인해 노틸러스호는 '신성한 방주'가 되었다. "감히 배를 건드려 그 신성을 모독하는 자는 누구나 벼락을 맞았다." 과학 기술의 힘을 보유한 유럽인들만이 하느님의 뜻을 받아 신성한 방주에 들어갈 자격을 가진 것일까?

일찍이 프랑스인 쥘 베른은 노틸러스호를 가지고 해저 세계를 먼저 차지하는 꿈을 꾸었지만, 실제로 세계 최초로 핵잠수함을 만들어 바다를 거침없이 누빈 것은 미국이었다. 그 잠수함은 이 소설에 나오는 잠수함의 이름을 따라 '노틸러스호'라고 명명되었다. 근대의 바다는 누구나 접근할 수 있는 자유로운 공간이 아니라, 이처럼 강력한 힘을 가진 국가가 통제하는 공간이 되었다.

삼나무처럼
자유로운 영혼

헨리 데이비드 소로의 『시민의 불복종』, 『월든』

누구의 소유물이 되기에는,

누구의 제2인자가 되기에는,

또 세계의 어느 왕국의 쓸 만한

하인이나 도구가 되기에는

나는 너무나도 고귀하게 태어났다.

―셰익스피어 『존 왕』 5막 2장

"불의의 법들이 존재한다. 우리는 그 법을 준수하는 것으로 만족할 것인가, 아니면 그 법을 개정하려고 노력하되 개정에 성공할 때까지는 그 법을 준수할 것인가, 아니면 당장이라도 그 법을 어길 것인가?"

헨리 데이비드 소로(1817~1862)는 명백하게 단언한다. "불의가 당신에게 하수인이 되라고 요구한다면, 분명히 말하는데, 그 법을 어기라. 당신의 생명으로 하여금 그 기계를 멈추는 역마찰이 되도록 하라. 내가 해야 할 일은, 내가 극력 비난하는 해악에게 나 자신을 빌려주는 일은 어쨌든 간에 없도록 하는 것이다."

그렇다. 의롭지 않은 정부의 일에 동조함으로써 불의의 하수인이 될 수는 없는 일이다. 소로가 『시민의 불복종』을 쓸 때 염두에 둔 미국 정부의 불의는 노예 제도와 멕시코 전쟁이었다.

노예 제도는 분명 악이다. 그러나 그 사실을 아는 사람들도 노예제를 폐지하기 위한 노력은 조금도 하지 않으면서 다만 노예제를 옹호하는 남부의 주들에만 비판의 화살을 돌릴 뿐이었다. 매사추세츠 주 시민들은 인류의 선악에 대한 문제보다는 오직 자신의 돈벌이에만 몰두해 있다. 미국 정치에 큰 발자취를 남긴 다니엘 웹스터 같은 인물에 대해서도 소로는 신랄한 비판을 퍼부었다. 웹스터는 헌법이 노예 제도를 인정한 점에 대해서 "원래 계약의 일부이므로 그대로 두자."고 말하였다. 소로는 이렇게 대응한다.

"본질적 개혁을 생각하지 않는 입법자들에게는 그의 주장이 지극히 지혜로운 말로 들리겠지만, 깊은 생각을 하는 사람들이나 백년대계를 생각하는 입법자들에게 그는 이 문제에 대해 눈 한 번 돌려 본 일이 없는 사람으로 보일 뿐이다. 그가 신봉하는 진리는 '절대적 진리'가 아니라 일관된 편의인 것이다." 한마디로 그런 사람은 "지도자가 아니라 추종자"일 뿐이다. 그러므로 노예 제도에 반대하는 사람들은 "몸으로나 재산으로나 매사추세츠 주 정부를 지원하는 일을 지금 당장 중지하여야 한다. (……) 나는 이것만은 알고 있다. 즉, 이 매사추세츠 주 안에서 천 사람이, 아니 백 사람이, 아니 내가 이름을 댈 수 있는 열 사람이, 아니 단 한 명의 정직한 사람이라도 노예 소유를 그만두고 실제로 노예 제도를 방조하는 입장에서 벗어나며 그 때문에 형무소에 갇힌다면 미국에서 노예 제도가 폐지되리라는 것을 말이다."

또 하나의 문제는 멕시코와의 전쟁(1846~1848)이다. 1821년에 멕시코가 에스파냐로부터 독립했을 때 이 나라는 오늘날 미국 남부의 드넓은 지역까지 포함하고 있었다. 그러나 독립 전쟁으로 국력이 피폐해진 멕시코는 이 먼 변방의 영토를 효과적으로 통치할 여력이 없었고, 이 틈을 타서 많은 미국인들이 텍사스에 들어와서 급기야 그들이 오히려 다수가 되는 지경에 이르렀다. 텍사스는 1836년에 독립 공

미군이 멕시코 베라크루즈를 공격하고 있다. 멕시코 전쟁에 대해 쓴 책의 삽화, 1851년.

화국을 선포하였다가 1845년에 미국의 28번째 주로 편입되었다. 그러나 멕시코는 이를 인정하지 않았고, 결국 두 나라 사이에 전쟁이 일어났다. 미국이 이 전쟁에서 승리를 거둔 후 텍사스는 물론이고 뉴멕시코와 캘리포니아까지 미국 영토로 편입되었는데, 이는 멕시코 전체 영토의 40퍼센트에 해당하는 광대한 땅이었다. 이때 많은 미국인들이 멕시코와의 전쟁이 정의롭지 않은 침략 전쟁이라며 비판했다. 일부 정치인들은 노예 소유주들이 그들의 권력을 확대하려는 의도로 멕시코 전쟁을 일으켰다고 주장했다.

소로 역시 이 전쟁에 명백하게 반대했다. 월든 호숫가에 오두막집을 짓고 명상을 하며 소박한 삶을 살아가던 그에게 세리가 찾아와서 6년간 밀린 '인두세'를 내라고 종용했지만 그는 전쟁과 노예제에 반대한다며 이를 거절했고, 이 때문에 결국 감옥에 갇히게 되었다. "나의 명상이야말로 위험한 존재였던 것이다. 나를 어떻게 할 수 없게 되자 그들은 나의 육신을 처벌하기로 결심한 모양이었다. 마치 어떤 소년이 앙심을 품고 있지만 그 사람을 때리기에는 역부족인 경우, 대신 그 사람의 개를 패듯이 말이다." 그는 짐짓 의연한 태도를 보이며 이렇게 말한다. "격리되어 있으나 실은 더 자유롭고 명예로운 곳, 매사추세츠 주가 자기에게 동조하지 않고 반대하는 사람들을 가두는 곳, 노예의 나라에서 자유인이 명예롭게 기거할 수 있는 유일한 집이 감옥이다." 그의 결연한 의지가 호기롭다. "나는 누구에게 강요받기 위하여 이 세상에 태어난 것은 아니다. 나는 내 방식대로 숨을 쉬고 내 방식대로 살아갈 것이다. 누가 더 강한지는 두고 보도록 하자."

사실은 단 하룻밤에 불과했지만(바로 다음 날 그의 친척이 밀린 세금을 대신 내 주어서 그는 곧 석방되었다), 이 감옥의 경험은 그 뒤 그의 사유 발전에 큰 영향을 미쳤다.

내가 직접 남을 착취하지 않는다 해도 "내가 다른 사람의 어깨 위에 올라타고 앉아 그를 괴롭히면서 내 일을 하고 있는 것은 아닌가 먼저 살펴야 할 것이다. 만약 그렇다면 먼저 그 사람의 어깨에서 내려와야 한다. 그 사람 역시 자신의 계획을 추진할 수 있도록 말이다." 조금 놀라운 일이지만, 소로는 『논어』까지 인용하며 자신의 논지를 편다. "나라에 도가 있는데도 가난하고 천하다면 부끄러운 일이요, 나라에 도가 없는데도 부하고 귀하면 부끄러운 일이다."*

---

* 소로가 인용한 부분은 『논어』 8편 태백 13장에 나온다(邦有道 貧且賤焉 恥也, 邦無道 富且貴焉 恥也). 『논어』 14편 헌문 1장에도 비슷한 구절이 있다. "나라에 도가 있을 때에 녹만 먹으며, 나라에 도가 없을 때에 녹만 먹는 것이 부끄러움이다(邦有道 穀, 邦無道 穀 恥也).

그렇다면 그는 정부의 존재 자체를 부정하는가? 사실 우리가 다수의 투표로 성립된 정부에 이런 식으로 대항하는 것이 과연 옳은지 먼저 검토할 필요가 있다. 그러나 소로는 이 문제에 대해 여전히 단호하다. '가장 좋은 정부는 가장 적게 다스리는 정부'라는 것이다. 더 나아가서 '가장 좋은 정부는 전혀 다스리지 않는 정부'라는 데까지 나아간다. 이런 점에서 그의 철학이 무정부주의(아나키즘)와 통하지만, 그렇다고 그가 폭력을 사용하여서라도 기존 질서를 부수자고 주장하는 것은 아니다. 그는 불의에 대한 평화적인 저항을 주장하였으며, 바로 이 점이 훗날 마하트마 간디와 마틴 루터 킹 같은 비폭력 저항 또는 무저항 운동에 커다란 영향을 미치게 된다.

정부는 기껏해야 하나의 '편법'에 지나지 않는다. 정부는 원래 국민의 뜻을 실행하기 위해 선택한 하나의 방식일 뿐이다. 다수에 의해 성립되었다고 해서 그 정부가 인류의 양심에 어긋나는 일을 저지르는 것을 그냥 보고 있어서는 안 된다. "옳고 그름을 실질적으로 결정하는 것은 다수가 아니라 양심"이기 때문이다.

> 투표는 모두 일종의 도박이다. 장기나 주사위놀이와 같다. 다만 약간의 도덕적 색채를 띠었을 뿐이다. (……) 나는 내가 옳다고 생각하는 쪽에 표를 던지겠지만, 옳은 쪽이 승리를 해야 한다며 목숨을 걸 정도는 아니다. 나는 그 문제를 다수에게 맡기려는 것이다. 그러므로 그 책임은 편의의 책임 정도를 결코 넘지 못한다. 정의 편에 투표하는 것도 정의를 위해 어떤 행동을 하는 것은 아니다. 그것은 다만 정의가 승리하기를 바란다는 당신의 의사를

헨리 데이비드 소로

사람들에게 가볍게 표시하는 것일 뿐이다.

따라서 정부는 한 번 투표로 모든 것이 결판났다고 생각해서는 안 된다. 그런 오만 때문에 세상의 많은 정부는 "예수를 십자가에 매달며, 코페르니쿠스와 루터를 파문하고, 조지 워싱턴과 프랭클린을 '반역자'라 불렀다." 또 그 때문에 양심을 지키는 많은 사람들이 국가에 저항하게 되며, 따라서 국가로부터 흔히 적으로 취급받는다.

"우리는 먼저 인간이어야 하고, 그다음에 국민이어야 한다고 나는 생각한다. 법에 대한 존경심보다는 먼저 정의에 대한 존경심을 기르는 것이 바람직하다." 과연 옳은 말이다. 인간을 위해 정부가 존재하는 것이지, 인간이 정부에 복속하기 위해 존재하는 것은 아니다. 정부가 오만하게 인간을 억압하려고 들 경우 시민은 불복종의 권리와 의무를 가진다.

오늘날 미국을 두고 누구도 의로운 나라라고는 말하지 않는다. 그나마 이 나라가 최악의 나락으로 떨어지지 않는 데에는 눈 시퍼렇게 뜨고 정의라는 이름으로 불의에 저항하고 비행을 감시하는 힘이 존재하기 때문일 것이다. 그런 힘은 어떤 철학에 뿌리를 둔 것일까?

우리는 그런 사상의 중요한 뿌리를 월든 호숫가의 소박한 오두막집에서 찾을 수 있다. 소로는 문명 세계를 등지고 숲 속으로 들어가 2년 이상 혼자 밭 갈고 고기잡이하며 살면서 인간·사회·자연에 대해 깊은 성찰을 했다. 『월든』은 이런 성찰을 기록한 책이다.

시 한 줄을 장식하기 위하여
꿈을 꾼 것이 아니다.
내가 월든 호수에 사는 것보다
신과 천국에 더 가까이 갈 수는 없다.
나는 나의 호수의 돌 깔린 기슭이며
그 위를 스쳐 가는 산들바람이다.
내 손바닥에는
호수의 물과 모래가 담겨 있으며,
호수의 가장 깊은 곳은
내 생각 드높은 곳에 떠 있다.

소로는 진정 자유인으로 살았다. 그 때문에 사회적으로나 내면적

현대에 복원해 놓은 소로의 오두막집.

으로나 고매한 삶을 살라는 그의 말에는 깊은 울림이 있다.

예언자들도 구세주들도 인간의 희망을 북돋아 주기보다는 인간의 두려움을 달래 주는 데에 그쳤다. 생명이라는 선물에 대한 소박하고 억누를 수 없는 기쁨이나 신에 대한 기억할 만한 칭송은 아무 데에도 기록되어 있지 않다. (……) 우리는 먼저 자연처럼 소박하고 건강하게 되도록 하자. 그리고 우리의 이마 위에 어른거리는 구름을 걷어 내고 우리의 숨구멍에 다소나마 생명을 받아 넣어 보자. 가난한 사람들의 감독관이 되기를 기다리지 말고 세상에서 가치 있는 한 사람이 되도록 노력하자.

『월든』에서 그는 페르시아의 시인 사디가 쓴 『굴리스탄』('화원'이라는 뜻)의 한 대목을 인용하며 자신의 철학을 이렇게 표현하고 있다.

사람들이 현자에게 묻기를, 지고한 신이 드높고 울창하게 창조한 온갖 이름난 나무들 가운데 오직 열매도 맺지 않는 삼나무만 '자유의 나무'라고 불리니 어찌된 영문입니까? 현자가 답하기를, 나무란 저 나름의 과일과 저마다의 철을 가지고 있어 제철에는 싱싱하고 꽃을 피우나 철이 지나면 마르고 시드는 법, 그러나 삼나무는 어디에도 속하지 않고 항상 싱싱하느니라. 자유로운 자들, 즉 종교적으로 독립된 자들은 바로 이런 천성을 갖고 있느니라. 그러니 그대들도 덧없는 것들에 마음을 두지 말지어다. 칼리프들이 망한 다음에도 티그리스 강은 바그다드를 뚫고 길이 흐르리라. 그대가 가진 것이 많거든 대추야자나무처럼 아낌없이 주라. 그러나 가진 것이 없거든 삼나무처럼 자유인이 될지어다.

자, 이제 이렇게 살면 될 것이다. "물에 빠진 사람을 구한 다음에는 묵묵히 구두끈을 매라. 숨을 돌린 다음에는 당신이 하고 싶은 일에 착수하라."

멕시코 전쟁으로부터 1850년 타협까지

미국의 침략으로 멕시코는 지금의 텍사스뿐 아니라 뉴멕시코, 유타, 네바다, 애리조나 등 광대한 땅(지도의 흰 부분)을 잃었다.

1845년 미국이 텍사스를 합병한 직후 멕시코는 미국과의 모든 외교 관계를 끊었다. 그해 9월에 미국 대통령 제임스 K. 포크는 텍사스 국경 분쟁(멕시코는 국경이 뉴에이서스 강이라 주장하고 미국은 리오그란데 강이라고 주장했다)을 협상하는 것과 함께 뉴멕시코와 캘리포니아를 사들이기 위한 목적으로 존 슬라이델을 비밀 사절로 멕시코 시로 보냈다. 그러나 멕시코 관리들은 슬라이델의 의도를 미리 알아차리고 아예 접견을 거부하며 그를 냉대했다. 이 소식을 전해들은 포크 대통령은 재커리 테일러 장군에게 국경 분쟁 지역을 점령하도록 명령하고, 곧 의회에 보낼 전쟁 교서를 준비했다. 그는 이 교서에서 멕시코 정부가 슬라이델의 협상을 거부했으며, 멕시코 군대가 테일러가 이끄는 미국 군대를 공격하여 사상자가 발생했다고 주장했다. 멕시코가 먼저 미국 영토를 침공했기 때문에 전쟁에 돌입한다는 식으로 미국의 침략을 정당화한 것이다. 1846년 5월 13일 의회는 압도적인 지지로 선전포고를 승인했으나, 이 전쟁에 대해 일반 여론은 분열되었다. 대체로 남부 사람들은 열렬히 전쟁을 지지했지만 북부 사람들은 이 전쟁이 양심을 저버린 강탈 행위라고 보았다. 또한 노예제 폐지론자들은, 노예주(slave state)들이 이 전쟁을 통해 곧 손에 넣게 될 멕시코 땅에 몇 개의 노예주를 더 만들어 노예제를 확대시키고 그들의 세력을 강화하려 한다고 주장했다.

전쟁은 미국의 일방적인 승리로 끝났다. 멕시코 시를 점령한 후 포크 대통령은 국무부 최고 서기 니콜라스 트리스트를 멕시코로 보내 평화 조약을 체결하도록 했다. 1848년 2월 2일에 체결된 과달루페이달고 조약에 따라 멕시코는 지금의 뉴멕시코 주, 유타 주, 네바다 주, 애리조나 주, 캘리포니아 주, 텍사스 주, 서부 콜로라도 주의 거의 모든 영토를 미국에 넘겨주었으며, 미국은 이 대가로 멕시코에 1500만 달러를 지불하고 멕시코 정부가 미국 시민에게 진 빚을 대신 갚아 주기로 했다.

한편 이 전쟁은 미국 안에서 노예제 확장 문제를 다시 불러일으키는 계기가 되었다. 새로 얻은 영토에 노예제를 허용하느냐 금지하느냐 하는 문제는 심각한 정치 문제로 비화되었다. 1849년 12월 3일 캘리포니아 준주(準州)가 자유주(노예제를 금지하는 주)로 연방에 가입할 것을 요청했을 때 위기가 발생했다. '대(大)타협자'라 불리는 헨리 클레이는 자유주와 노예주의 균형을 유지하기 위해 몇 가지 중재안을 제시했다. 그는 노예제 반대 세력과 노예제 찬성 세력을 모두 만족시키기 위해 포괄적 성격의 안을 제시했는데, 그 내용은 캘리포니아를 자유주로 연방에 가입시키는 대신 유타 준주와 뉴멕시코 준주의 노예제 허가 여부를 주민 투표로 결정하고, 텍사스와 뉴멕시코의 국경 분쟁을 해결하며, 도망한 노예의 송환에 더 엄격한 규정을 두고, 수도 컬럼비아 특별구에서 노예 매매를 금지한다는 것이었다.

헨리 클레이는 노예제에 대해 타협안을 내놓으며 국론 분열을 막으려 했다. 그러나 타협안이 남북 전쟁을 막지는 못했다.

유력한 상원의원이었던 다니엘 웹스터와 스티븐 A. 더글러스의 지지 덕분에 이 5개의 타협안은 1850년 9월에 입법화되었다. 이로써 남부의 연방 탈퇴는 10년 동안 늦추어졌지만 이 타협은 임시방편에 불과했다. 노예제 허가 여부를 주민 투표로 결정한다는 원칙은 1854년 캔자스가 주로 승격될 때 적용되었는데 이것은 결국 폭력 사태를 불러왔다. 특히 도망노예송환법은 북부 전역에 강력한 반발을 불러일으켰으며, 많은 사람들이 노예제의 확대에 단호히 반대하도록 만들었다. 그리하여 미국은 남북 전쟁이라는 내전을 피할 수 없었다. ❋

「별」의 작가에서 애국 시인으로

알퐁스 도데의 단편집

알퐁스 도데(1840~1897)가 태어나고 자란 프랑스 남부의 프로방스 지방은 참으로 아름답고 정겨운 곳이다. 남쪽에는 지중해의 쪽빛 바다가 넘실대고, 동쪽과 북쪽으로는 높은 알프스 산줄기가 지나며, 서쪽으로는 론 강 유역의 풍요로운 평야가 펼쳐져 있다. 그는 이 아름다운 풍광 속에서 소박하

서정 시인이자 소설가 알퐁스 도데.

게 살아가는 가난한 사람들, 그리고 버림받고 쓸쓸한 사람들을 따뜻하고 애정 어린 필치로 작품 속에 담아 냈다.

한때 우리나라 교과서에도 실려서 우리에게 더욱 친숙한 단편 「별」은 그의 아름다운 서정이 잘 나타나는 작품이다.

산속에서 홀로 거칠고 투박한 삶을 살아가는 목동에게 어느 날 꿈같은 일이 일어난다. 보름마다 산 아래 마을에서 노새에 음식을 싣고 올라오던 머슴아이가 몸살이 나는 바람에 이날은 스테파네트 아가씨가 직접 찾아온 것이다. "오후 3시쯤 하늘이 개고 빗방울이 햇빛을 머금어 온 산이 반짝거리고 있을 때," 이 고장에서 제일 예쁘기로 소문났고, 사실 이 목동 총각도 마음속으로 연모하던 바로 그 주인집 아가씨가 딸랑거리는 노새 방울 소리와 함께 나타났다.

그런데 음식을 전해 주고 돌아가는 도중에 소나기가 내리는 바람에 소르그 강의 물이 불어나 아가씨는 마을로 돌아가지 못하고 할 수 없이 산막으로 되돌아와야 했다. 그리하여 목동 총각은 날마다 마음

속으로만 그리던 바로 그 아가씨와 단둘이서 밤을 지내게 된 것이다. 양들이 뒤척이는 바람에 짚이 사그락거리고, 양들이 잠꼬대를 하면서 울어 대는 통에 잠을 이루지 못한 아가씨는 다시 집 밖으로 나온다. 순진한 총각은 아가씨 어깨에 양털을 덮어 주고 모닥불을 피운 채 별 이야기를 해 주면서 밤을 지새운다.

한참 별 이야기를 해 주던 목동의 어깨에 상큼하면서도 부드러운 뭔가가 살포시 얹힌다. 졸음을 이기지 못하고 무거워진 아가씨의 머리! 곱슬곱슬한 머리에 매단 리본과 레이스가 앙증맞게 사그락거린다.

아가씨는 그렇게 꼼짝도 하지 않고 밤하늘의 별빛이 엷어지고 마침내 사라질 때까지 그대로 있었답니다. 나는 아가씨의 잠든 모습을 자꾸만 들여다보았습니다. 가슴이 울렁거리기는 했지만, 맑은 밤하늘 덕택에 아름다운 마음만 간직할 수 있었지요. 우리 주위로는 별들이 마치 순한 양 떼처럼 천천히 발걸음을 계속하고 있었습니다. 나는 이런 생각을 했습니다. 이 세상에서 가장 아름답게 빛나는 별 하나가 길을 잃고 내 어깨에 살포시 내려앉아 잠들어 있다고…….

순진한 목동 총각의 그 지순한 사랑을 어쩌면 이처럼 예쁘게 그릴 수 있을까.

그러나 세상은 언제까지나 그런 아름답고 순진한 상태에 머물러 있지는 않다. 역사의 격랑이 세상을 뒤흔들어 놓았다. 19세기 후반

유럽의 정세는 숨가쁘게 돌아갔고, 특히 1870~1871년에 일어난 보불 전쟁(프랑스와 프로이센 사이의 전쟁)은 프랑스인들의 가슴에 씻을 수 없는 상처를 남겼다.

일찍이 나폴레옹 군대에게 치욕적인 패배를 당했던 독일은 19세기 내내 급격한 정치적 변화와 산업화를 통해 일취월장 성장해 갔다. 프로이센의 수상 비스마르크는 소위 '철과 피'(즉, 산업화와 군국주의)의 정책을 통해 국력을 크게 키운 다음 프랑스를 눌러 이김으로써 지난날의 복수를 하고, 이를 계기로 그때까지도 수많은 군소 영방 국가(봉건 제후들이 세운 지방 국가)로 분열되어 있던 독일을 하나의 민족 국가로 통일시키고자 했다.

그러나 프랑스는 여전히 한때 전 유럽을 호령했던 나폴레옹의 영광이라는 꿈에서 깨어나지 못하고 있었다.

1848년 대선에서는 루이 나폴레옹이라는 정체불명의 인사가 대통령으로 뽑혔는데, 그가 당선된 것은 무엇보다도 나폴레옹이라는 그의 이름 덕분이었다. "역사는 반복되는 경향이 있다. 첫 번째가 비극이라면 두 번째는 코미디이다." 역사에 대한 혜안을 자랑하는 마르크스의 분석처럼, 나폴레옹 3세(그는 나폴레옹 황제의 조카였기 때문에 2세가 아니고 3세가 되었다)의 행적에는 희극적인 요소가 있다. 그는 자신의 대통령 임기가 끝나 갈 무렵 스스로 친위 쿠데타를 감행하여 자신을 황제로 선포했다.

그러나 이름만 제국으로 갖다 붙인다고 해서 문제가 해결되지는 않는다. 프로이센이 공격해 왔을 때, 늘 유럽 최강이라고 자부해 왔던 프랑스의 포병대가 이번에도 쉽게 승리를 거두리라 믿었으나

1871년 파리를 포위하여 고립시킨 뒤 프로이센의 빌헬름 1세는 파리 외곽 베르사유 궁전에서 독일 제국을 선포한다. 안톤 폰 베르너의 그림. 1877년.

막상 뚜껑을 열어 보니 결과는 정반대였다. 프로이센 군대는 거칠 것 없이 프랑스로 밀려왔다. 나폴레옹 3세는 직접 군대를 격려한다고 나섰다가 오히려 포로로 잡혀 영국으로 망명을 떠나야 했다. 연전연승을 거둔 프로이센군이 최후의 저항을 펼치는 파리를 포위한 채 파리 외곽에 위치한 베르사유 궁전에서 독일 제국을 선포하였다.

이 사건은 프랑스 국민들에게 지우기 힘든 상처를 남겼다. 전쟁이 끝난 후 프랑스인들은 성모 마리아의 힘으로 독일을 막겠다고 몽마르트르 언덕에 성심 성당(聖心聖堂)을 지었고, 파리 시내에는 동쪽을 노려보는 청동 사자상을 세우는가 하면, 독일이 부과한 엄청난 액수의 전쟁 배상금을 전 국민의 모금 운동을 통해 일찍 갚아 버림으로써 민족의 자존심을 세우고자 했다.

따뜻하고 정다운 마음씨를 지닌 프로방스의 시인 역시 이런 흐름에서 비켜날 수는 없었다. 도데는 독일과의 전쟁에서 프랑스인들이 얼마나 어리석은 일을 저질렀는지 고발하는 작

프로이센과의 전쟁이 끝난 후 건립한 성심 성당

품들을 썼다. 독일군이 쳐들어오는데 당구에 정신이 빠져 있는 장교나 감자 몇 알을 얻기 위해 프랑스군의 정보를 독일군에게 넘겨주는 파리의 어린이들을 묘사하는 콩트가 그런 예이다. 또 전쟁으로 프랑스인들이 얼마나 큰 상처를 입었는지 증언하는 작품들도 많이 썼다. 그 가운데 가장 널리 알려진 작품은 「마지막 수업」이다. 이 이야기는 알자스 지방이 독일 영토에 편입되어 이제 학교에서 프랑스어 수업이 중단되고 독일어 수업만 하게 된 상황을 어린아이의 시각에서 그려 낸 작은 걸작이다.

> 아멜 선생님은 프랑스어에 대한 이야기를 시작하셨습니다. 선생님은 프랑스어가 세상에서 가장 아름다운 언어이며, 우리는 그

언어를 항상 생생하게 간직하고 절대 잊어버려서는 안 된다고 말씀하셨습니다.

"왜냐하면, 한 민족이 노예가 되더라도 자기들의 언어를 간직하는 한 정신만은 자유롭게 유지할 수 있기 때문이다."

우리나라 독자들에게 그리 많이 알려져 있지는 않으나, 독일군에게 파리가 점령당하는 상황을 비극적으로, 그러나 재치 있게 보여 주는 아주 흥미로운 작품으로 「베를린 공방전」이라는 콩트가 있다.

쥬브 대령은 나폴레옹 1세의 군대에서 기병 장교를 지낸 인물이다. 이 80세 노인은 보불 전쟁이 일어났을 때 프랑스 군대가 승리를 거두고 돌아오는 개선식을 보겠다는 일념으로 손녀와 함께 샹젤리제의 아파트로 이사해 갔다. 그러나 그는 프랑스군이 프로이센군에게 대패한 비상부르 전투(1870년 8월 4일에 일어난 보불 전쟁의 첫 번째 전투) 소식을 듣고 그 자리에서 졸도해 버렸다.

왕진 온 의사는 노인의 상태를 살펴보더니, 그가 반신불수가 될 위험이 있다고 경고했다. 할 수 없이 의사와 손녀는 가짜 전투 소식을 지어내서 노인에게 전해 주기로 했다. 소녀는 열심히 독일 지도를 보면서 프랑스 군대가 독일 지역을 점령해 가는 작전을 짜야 했고, 그 이야기를 듣는 노인은 어린애처럼 기뻐하며 번번이 속아 넘어갔다. 어느 군단은 베를린으로 진격해 들어가고, 어느 군단은 바바리아로, 또 다른 어느 군단은 발트 해를 따라 북부 지역을 초토화하는 중이다…….

나폴레옹 시대에 실제로 독일 지역에서 전투를 경험했던 할아버지는 독일의 지리를 훤히 꿰뚫고 있었기 때문에 다음번 전투를 잘 예측할 수 있었다. "이제 프랑스군은 이리로 갈 거야. 그다음에는 이렇게 할 거고……." 그러면 다음 날 그의 탁월한 예견은 실제로 실현되었다. 소녀는 할아버지가 예견한 대로 프랑스군이 승리한 소식을 전해 주었다.

"일주일 후면 베를린을 점령할 수 있을 거다!" 할아버지는 기쁨에 겨워 소리를 쳤지만, 사실 일주일 내에 점령당하게 생긴 것은 베를린이 아니라 파리였다.

아무런 소식을 전하지 않으면 노인은 불안해하고 잠을 이루지 못했다. 그럴 때마다 손녀는 전선에 나가 있는 노인의 아들이 보냈다는 편지를 하나 만들어서 읽어 주곤 했다. 그러면 노인은 경건하게 '아들의 편지'를 듣고 답장을 써 보냈다. 그 아들은 아마도 병이 들었거나 포로가 되어 있을 가능성이 컸지만, 노인은 아들이 독일 어느 지역에선가 적군을 무찌르고 있으리라 믿고 감동적인 편지를 썼다.

"네가 프랑스 국민이라는 것을 결코 잊지 마라. 불쌍한 사람들에게 너그러워야 한다. 그들에게 너무 심한 피해를 입혀서는 안 된다."

그는 손녀에게 독일인의 재산에 대한 존중, 여인들에게 가져야 하는 예의, 점령군이 지켜야 할 진짜 군인의 명예 등의 내용을 불러 주며 받아쓰게 했다.

그러는 동안 포위된 파리에서는 식량이 다 떨어져 갔다. 손녀는 모든 음식을 할아버지에게 드리느라 거의 굶고 있었으나, 턱에 예쁘게 냅킨을 두른 할아버지는 옛날을 회고하면서 러시아 전선에서는 말고기밖에는 먹을 것이 없었다고 이야기한다. 그런데 할아버지는 모르고 있었지만 손녀는 정말로 말고기로 연명하고 있었다. 파리가 포위되어서 아무것도 시내로 반입되지 못하던 당시 푸줏간에서는 쥐고기를 팔았고, 심지어 동물원에 갇혀 있던 짐승들을 잡아 먹은 것은 유명한 실화이다.

모든 일에는 끝이 있는 법, 이 연극도 드디어 종말에 이르렀다. 손녀는 프랑스군이 베를린을 점령하여 대승을 거둔 다음 귀국하여 파리로 개선 행진을 한다고 말했지만 실제로는 프로이센군이 파리를 점령하여 개선 행진을 하며 시내로 들어왔다. 프로이센군이 슈베르트의 행진곡에 맞춰 파리 시내로 입성하는 날, 할아버지는 프랑스군의 개선식을 보겠다며 옛날 군복을 차려입고 허리에 군도까지 차고는 샹젤리제 거리로 난 창문을 활짝 열었다. 그러나 그의 눈에 들어온 것은 프랑스 군대가 아니라 뾰족한 꼭대기 장식의 철모가 반짝거리는 프로이센군이었다. "프로이센군이다! 총을 들어라!" 하는 외침과 함께 노인은 발코니에서 거리로 떨어져 죽었다.

보불 전쟁에서 패한 이후 19세기 말 20세기 초에 프랑스인의 마음에는 복수의 열망이 자리 잡았다. 독일인 역시 공포와 두려움 속에서 프랑스와의 전쟁에 대비했다. 이제 라인 강의 서쪽과 동쪽에서 모두 피비린내 나는 전쟁을 예고하는 호전적 민족주의가 자라났다. 프로방스의 정경만큼이나 따뜻한 마음씨를 가진 시인 역시 열렬한 민족주의자가 되지 않을 수 없었다. 1000만 명의 사망자를 낸 제1차 세계대전은 이렇게 사람들 마음속에 준비되어 가고 있었다. 1차 대전 때에 조국의 이름으로 동원되었다가 어느 낯선 땅 참호에서 기관총과 독가스 공격을 당해 죽은 병사 중에는 스테파네트 아가씨의 머리를 자기 어깨에 얹고 프로방스의 여름밤 별을 지켜보던 순진한 목동 같은 사람도 끼어 있었을 것이다.

20세기를 지배한 문화 아이콘

에드거 라이스 버로스의 『타잔』

원숭이 무리에서 자라난 백인, 덩굴을 이용해서 숲 속을 날아다니며 천지사방에 쩌렁쩌렁 울리는 괴성을 질러 대서 동물들을 불러 모으는 밀림의 왕자. 이런 강력한 이미지로 우리 머리에 새겨진 타잔은 아마도 세상에서 가장 널리 알려진 캐릭터 가운데 하나일 것이다.

타잔은 미국 작가 에드거 라이스 버로스(1875~1950)가 만들어 낸 소설 주인공이다. 버로스는 평소 싸구려 잡지에 연재되는 펄프 픽션(pulp fiction, 저속 소설)을 즐겨 읽었는데, 어느 날 이런 수준이라면 자신도 쓸 수 있겠다는 생각이 들어서 1912년에 『올 스토리』(All Story)라는 15센트짜리 잡지에 소설을 투고했다. 뜻밖에 그 작품이 폭발적인 인기를 얻자 아예 전업 작가가 되었고, 이때부터 쓰기 시작한 타잔 시리즈는 모두 24권까지 이어졌다. 솔직히 말해서 이 작품들의 문학적 수준은 기대 이하이며, 그야말로 펄프 픽션이라는 말이 딱 맞는 정도이다. 그러나 중요한 점은 이 작품이 엄청나게 많은 사람들에게 읽히고, 또 영화와 만화, 그리고 만화영화로 만들어져서 사람들의 마음을 사로잡았다는 사실이다.

일반 대중에 대한 영향이라는 측면에서 보면 소설보다도 영화와 텔레비전이라는 매체가 더 강력한 힘을 발휘한다. 20세기 중에 만들어진 타잔 영화는 1918년에 제작된 무성 영화를 비롯해서 거의 100편에 이른다. 사실 우리나라에서는 원작 소설보다

에드거 라이스 버로스는 타잔 캐릭터로 많은 사람들의 마음을 사로잡았다.

도 〈밀림의 왕자 타잔〉이라는 텔레비전 프로가 훨씬 더 친숙하다. 어렸을 때 흑백 텔레비전으로 본 타잔과 제인, 치타(조연으로 나오는 원숭이의 이름)의 모습이 아직도 눈에 선하다. 타잔이 칡넝쿨을 타고 날아다니며 "아아아 아아아아" 소리를 지르면 코끼리, 얼룩말 할 것 없이 모든 동물들이 미친 듯 달려와서 악당들을 혼내 주곤 하지 않았던가.

여기서 잠깐, 할리우드 영화라면 모르는 게 없는 '할리우드 키드' 안정효 선생의 해설을 들어 보자(안정효, 『밀림과 오지의 모험』, 들녘, 2003년). 할리우드 영화에서 타잔은 인간의 언어를 거의 모르고 동물의 행태를 보이는데, 이는 '무식한 순수함'이라는 원시적 매력으로 작용한다. 이것은 일상적 규범을 마음대로 파괴하면서도 칭찬받는 '무법자의 영웅화'라는 공식을 따르는 것이다. 타잔 영화를 처음 만든 MGM 사는 원시인에 가까운 타잔의 모습을 강조하였다. 그중에서도 결정판은 제6대 타잔으로 조니 와이즈뮬러가 나온 영화들이다. 그는 67개의 세계 신기록을 수립하였고 1924년과 1928년의 올림픽에서 5개의 금메달을 딴 수영 선수 출신으로서, 1932년에 〈유인원 타잔〉에서 처음 주연을 맡은 이후 모두 12편의 타잔 영화를 찍었다. 늘씬한 근육질 남성미를 자랑하는 와이즈뮬러의 상대역으로는 모린 오설리번이라는 육체파 배우가 맡았는데(유명한 여배우 미아 패로의 어머니이다), 이 두 사람은 당시로서는 꽤나 놀라울 정도의 과감한 노출 연기로 화면을 뜨겁게 달구었다. 타잔과 제인 모두 최소한의 부분만 살짝 가린 채 칡넝쿨을 타고 날아다니고, 악어가 우글거리는 호수에서 헤엄치며 놀다가 "타잔 배고파, 밥 먹어." 하고 말하는 '원시인 놀이'의 진수를 보여 주었다.

이 모든 작품들의 원조는 1912년에 잡지에 처음 선보였다가 1914년에 책으로 출판된 버로스의 『유인원 타잔』이다.

1888년, 젊은 영국 귀족인 그레이스톡 경 존 클레이튼은 아프리카 서부 해안의 식민지 현황을 조사하기 위해 부인과 함께 배에 탄다. 그의 임무는 영국령 식민지에 제멋대로 들어와서 상아와 고무를 강탈하고 원주민들을 부당하게 혹사하는 다른 식민 강국들의 행태를 조사하는 일이다(같은 제국주의 지배라 해도 영국이 하면 신사적인 '경영'이고 다른 나라가 하면 악랄한 '착취'라는 것이다). 그는 "수많은 전쟁에서 승전 기록을 세운 영국인답게 강한 남성미를 풍겼고, 정신적으로나 육체적으로나 건강한 사람이었다." 이런 모습은 그대로 타잔에게 옮겨 베껴지게 되는데, 이것이 열대의 밀림에서 살면서도 고귀한 귀족 전사의 풍모를 간직하는 이유가 된다.

항해 중 난폭한 선원들이 반란을 일으키는 바람에 두 사람은 아프리카의 낯선 해안에 내리게 된다. 그들은 나무 위에 집을 짓고 살면서 아이를 낳는데, 곧 부인이 사망하고 남편도 원숭이 무리의 공격을 받아 죽는다. 아이까지 죽게 될 순간, 지능이 높고 감정이 풍부한 암컷 원숭이 칼라가 아이를 움켜 안아서 목숨을 구한다. 이렇게 해서 영국 귀족의 후손인 타잔(원숭이 언어로 '흰 피부'

영화 〈유인원 타잔〉에서 타잔 역을 맡은 조니 와이즈뮬러와 제인 역을 맡은 모린 오설리번.

라는 뜻이다)은 원숭이 젖을 먹고 자라게 된다. 그의 능력은 그야말로 초인적이다. 악어나 고릴라와 싸워서 이길 정도의 육체적 능력은 물론이고, 자기 부모가 살았던 나무 위의 집에서 발견한 몇 권의 영어책을 보고 독학으로 읽기를 터득할 정도로 특출한 어학 능력을 자랑한다. 그는 '야만인 식인종' 흑인 부대를 혼자 힘으로 제압하고 또 원숭이 무리 내에서도 경쟁자 커착을 죽임으로써 명실상부한 밀림의 왕자가 된다.

20년 뒤, 타잔의 부모가 그랬던 것과 똑같은 방식으로 다른 백인들이 이 밀림에 들어오게 되는데 그중에는 미국 여성 제인 포터도 있다. 이들이 거대한 암사자 세이버의 공격을 받아 절체절명의 위기를 맞은 순간 타잔이 나타나서 레슬링의 풀넬슨 기술을 써서 사자의 목뼈를 부러뜨려 죽이고 그들을 구한다. 다음에는 원숭이계의 최대 강자 터코즈와 싸워 그를 죽이고 제인을 구하는데, 이에 대한 서술 방식은 마초(macho)적 남성성의 극치를 보여 준다.

> 제인은 가슴을 두근대며, 한 여자를 차지하기 위해 원숭이와 인간이 싸우는 것을 지켜보았다. (……) 터코즈의 가슴에 칼이 꽂히고 피가 솟구쳤다. 생명의 기운이 다한 거대한 몸뚱이가 쓰러졌다. 그 순간, 제인은 원시의 여인이 되었다. 두 팔을 활짝 벌리고 원시의 사내에게로 달려갔다.
> 타잔은?
> 붉은 피가 흐르는 남자답게 본능적으로 행동했다. 타잔은 제인을 끌어안고 거칠게 숨을 몰아쉬며 그녀의 입술을 찾았다.

(……) 잔인한 동물들을 죽이고 나서 미소를 지어 보이는 색다른 아름다움, 타락한 열정에 물들지 않은 강한 남성미!

제인이 그의 품에 안기면서 상징적으로 약간 발버둥치기는 했지만 "수컷이 힘으로 짝을 취하는 것은 밀림의 법칙이었다." "위풍당당한 모습, 균형 잡힌 단단한 몸, 넓은 어깨와 반듯한 얼굴! 완벽했다. 신이 바로 저렇게 생겼을까?"

타잔이 이런 신적인 모습과 능력을 보일 수 있는 것은 그의 혈관에 "세상에서 최강의 전사로 알려진 종족", 곧 영국인의 피가 흐르기 때문이라고 되어 있다. 이 소설에는 제국주의적이고 인종주의적인 편견이 거침없이 서술되어 있다. 인간 위계의 최하층에는 "송곳처럼 날카롭게 다듬어진 누런 이, 툭 튀어나온 입술 때문에 더욱 비열하고 흉포한 야만인처럼" 보인다는 식으로 거의 짐승 수준으로 비하된 흑인들이 자리 잡고 있다. 백인들 중에도 악역이 없지 않다. 벨기에인은 자연 자원을 착취하고 흑인들을 학대하는 저급한 제국주의자들이다. 그에 비하면 프랑스인들이 비교적 나은 편이지만, 역시 최상위를 차지하는 사람들은 언제나 영국인들이며 그들의 정통 후예인 미국인들이 은근슬쩍 동등한 자리를 차지한다.

타잔은 미국 볼티모어로 돌아간 제인을 찾아 문명 세계를 방문한다. 그런데 우연의 일치도 이런 우연의 일치가 없지만, 제인은 타잔의 사촌동생인 윌리엄과 결혼하게 되어 있다. 어디 그뿐인가, 미국으로 오는 도중에 받은 지문 검사 결과를 통해 타잔은 자신이 바로 행방불명되었던 그레이스톡 경의 친아들임을 알게 된다. 그의 말 한마디면 모든 땅과 귀족 작위를 되찾고 더불어 제인과 결혼할 수도 있는 상황! 그러나 마지막 순간 타잔은 자신이 밀림의 원숭이 사이에서 태어났다고 말하며 제인의 행복을 위해 모든 것을 양보하고는 표표히 아프리카로 되돌아간다(이어지는 다음 작품들에서 두 사람은 결혼해서 아프리카에서 함께 산다).

미국의 대중문화는 늘 세상을 구하는 초인적인 영웅들을 그리곤 한다. 그런 흐름이 약간 '오버'해서 엉뚱한 방향으로 흘러가면 배트맨, 스파이더맨, 또는 원더우먼 같은 난감한 캐릭터들이 나온다. 그에 비하면 타잔은 약과다. 지성, 야성, 개성이 함께 어우러져 빛나는 인물, 단순무식한 '몸짱'인 듯하면서도 고귀한 도덕적 품성을 간직한 야생의 사나이 정도로 그려져 있으니 말이다. 급기야 그는 서양 문명의 핵심 요소들을 모두 모아 놓은 고대 전사로 묘사되기에 이른다.

젊은 그레이스톡 경은 실로 기묘한 전사의 모습이었다. 검고 숱 많은 머리카락은 어깨 밑까지 흘러내렸으며 앞머리는 눈을 가리지 않도록 칼로 잘려 있었다. 로마 제국의 검투사를 연상시키는 근육, 마치 그리스의 신과 같은 부드럽고 유연한 풍채는 한눈에 보기에도 막강한 힘과 유연함, 민첩함의 놀라운 조화를 보여 주고 있었다. 그는 태고의 야성을 그대로 간직한 사냥꾼이자 전사였던 것이다. 넓은 어깨 위 잘생긴 얼굴에는 귀족적인 자태가 흘렀고, 맑은 두 눈이 내뿜는 생명력과 지성의 불꽃은 숲을 배경으로 살던 고대 영웅을 연상시켰다.

이 소설이 폭발적 인기를 누린 데에는 이런 잡스러운 요소들이 절묘하게 섞여 있기 때문이다. 일반 대중에게는 '전형성'을 제시하는 것만큼 잘 먹혀드는 것이 없다. 좋은 편과 나쁜 편을 딱 잘라서 가르고, 그 둘이 싸워서 좋은 편이 이기게 만들면 통쾌한 이야깃거리가 되는 것이다. 요즘은 지켜보는 눈이 하도 많아서, 이처럼 제국주의적·인종주의적 표현이 걸러지지 않고 드러나거나 노골적으로 남성 우월주의를 찬미하는 작품을 쓴다는 것이 쉽지 않아 보인다. 현재의 관점에서 보면 타잔은 지난 20세기 문화의 부정적 요소들을 다 모아 놓은 텍스트 같다. 그런데 바로 그 점이 이 소설의 매력이었다. 원래 불량식품이 맛있는 법, 각종 전형적 편견들을 뒤섞어 단순화한 이 작품이 세계의 수많은 사람들을 매료시킨 데에는 그만한 이유가 있는 것이다. 모든 게 다 받아들이기 나름인지라 제인 구달처럼 이 소설을 보고 자연과 문명의 조화를 꿈꾸는 것도 가능하겠으나, 전반적으로는 흑인들을 업신여겨 낮추고 백인 남성의 우월성을 정당화하는 이데올로기를 세계에 전파한 역기능이 너무 크지 않았나 싶다.

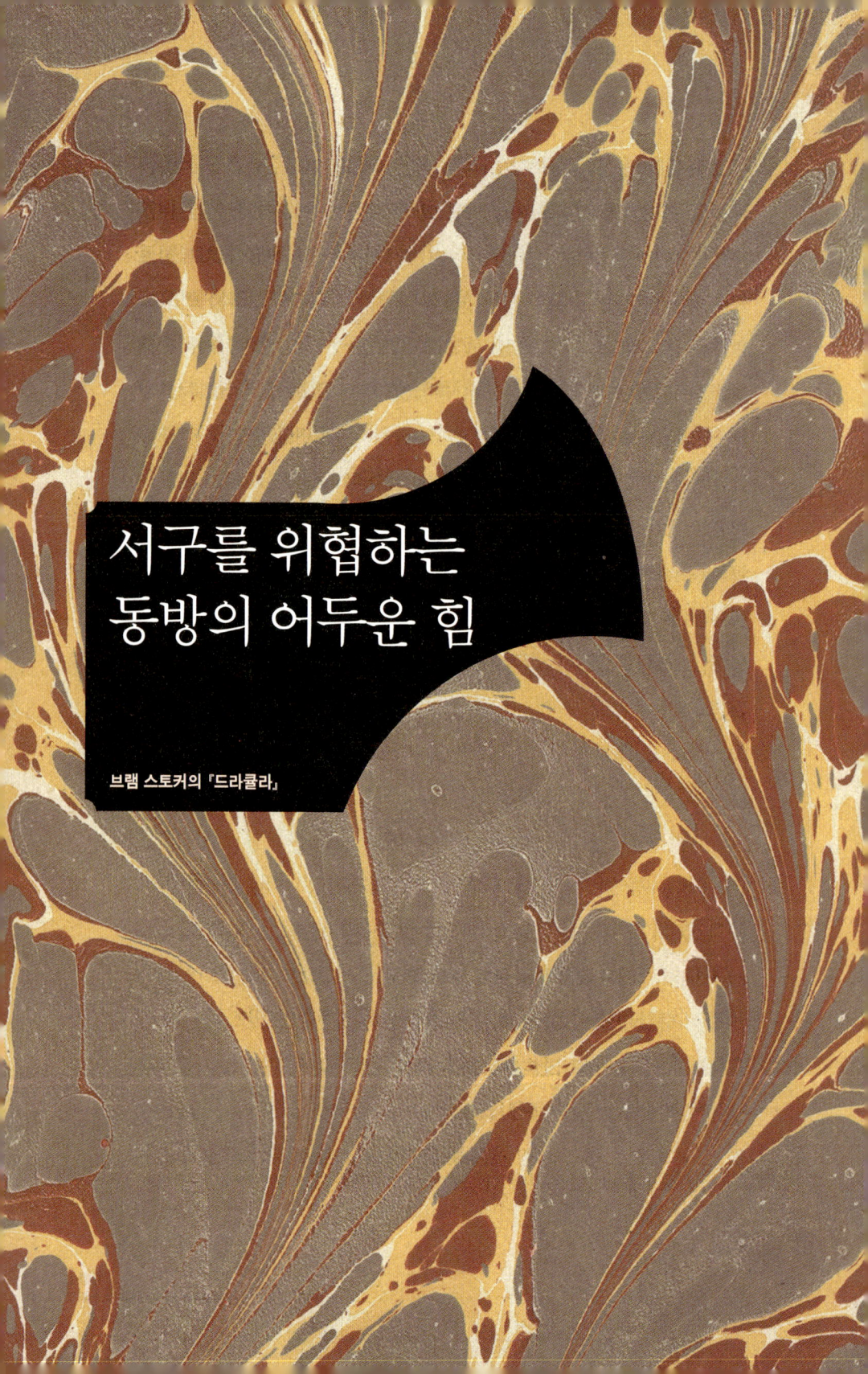

서구를 위협하는 동방의 어두운 힘

브램 스토커의 『드라큘라』

1897년에 나온, 아일랜드 작가 브램 스토커(1847~1912)의 소설 『드라큘라』는 세기말의 어두운 분위기가 물씬 풍겨 나는 작품이다. 타인의 피를 빨고 그럼으로써 자신과 같은 흡혈귀를 만들어 내는 드라큘라 백작의 악마적인 힘은 당시 세계 문명의 최정상을 자부하던 영국 사회의 내면에 도사리고 있는 불안과 위기감을 나타낸다.

소설은 영국의 변호사 조너선 하커가 동유럽의 트란실바니아 지방에 있는 드라큘라 백작의 성을 찾아가는 것으로 시작된다. 드라큘라는 영국 사회에 진입하기 위해 런던에 영지를 구입하려 했고, 그래서 법률적 자문을 해 줄 사람을 초빙한 것이다. 하커는 다뉴브 강을 건너자 이미 터키 제국의 전설 속으로 들어왔다고 느낀다. 이 작품에서 서유럽과 동유럽은 모든 면에서 완전히 극과 극이다. 예컨대 이런 서술이 나온다. "동방으로 가면 갈수록 기차가 시간을 안 지키는 것 같다." 19세기 서구 문명의 총아인 기차마저도 '동방'에서는 제대로 작동하지 못한다.

드라큘라 백작의 성에 도착한 하커는 곧 자신이 가공할 마법의 존재에 의해 포로가 되었다는 것을 알게 된다. 백작의 몸이 거울에 비치지 않을 뿐 아니라 지하실에서 흙을 채운 관 속에서 자는 것을 보고 하커는 그가 어떤 존재인지 깨닫는다. 게다가 "역겹고 소름끼치는 관능"을 지닌 세 미녀(드라큘라의 신부들)가 달밤에 찾아와서 그의 목숨을 노리기도 한다. 이성의 빛이 밝게 빛나는 서유럽과 달리 동유럽은 이처럼 어둡고 음산한 마력이 지배하는 곳으로 그려진다.

하커가 가까스로 성에서 탈출했을 때 드라큘라는 이미 러시아 선박을 이용해 그보다 먼저 영국으로 숨어 들어간다. 그러고는 하커의 약혼녀인 미나와 그녀의 친구 루시를 공격한다. 루시는 드라큘라에게 피를 빨려서 죽은 후 노스페라투가 되어 밤마다 아이들의 피를 찾아 돌아다닌다(노스페라투란 불사귀(不死鬼)를 뜻하는데, 최초의 드라큘라 영화가 판권 문제 때문에 '드라큘라'라는 이름을 쓰지 못하고 대신 '노스페라투'라는 제목을 사용한 뒤 이 말이 더욱 유명해졌다).

19세의 순진한 처녀 루시는 드라큘라에게 '감염'된 뒤 "그 참하던 모습이 냉혹하고 잔인한 모습으로 바뀌었고, 그 청순하던 모습이 관능적이고 음탕한 모습으로 변했다." 이렇듯 야만적인 동유럽은 음탕한 힘으로 서유럽의 순결을 짓밟는다. 사실 드라큘라가 송곳니로 여인의 목에 구멍을 내어 피를 빨거나 자신의 피를 처녀에게 먹이는 행위는 분명 성행위를 상징적으로 나타내는 것이다. 노스페라투로 전락한 자는 "밤의 자식이 되어 감정도 양심도 없이 우리가 가장 사랑

영화 〈노스페라투〉에서 드라큘라 역을 맡은 맥스 슈렉. 1922년.

1931년에 만들어진 영화 〈드라큘라〉에서 드라큘라 역을 맡은 벨라 루고시(왼쪽). 1958년에 만들어진 영화 〈드라큘라〉에서 반 헬싱 박사 역을 맡은 피터 쿠싱(오른쪽).

하는 사람들의 몸과 영혼을 덮치게 된다. 그러면 천국으로 가는 문은 영원히 닫히고, 그 문을 다시 열어 줄 이는 아무도 없다."

이런 적에 맞설 수 있는 서구의 힘은 무엇일까? "우리 쪽엔 결속력이 있는데, 이것은 흡혈귀 무리가 가질 수 없는 힘입니다. 우리는 또 과학이라는 자원을 갖고 있습니다. 우리는 자유롭게 행동하고 사고합니다." 그러나 사실 지금 우리의 눈에는 흡혈귀 무리와 대항해서 싸우는 서유럽인들의 대응 방식도 그렇게 과학적이거나 자유로운 방식으로 보이지는 않는다.

원래 루시에게 청혼하기 위해 모여들었다가 흡혈귀를 쫓는 '특수 부대'로 변모한 일행(아서 홀름우드 경, 수어드 박사, 미국인 퀸시 모리스)은 암스테르담에서 모셔온 흡혈귀 문제 전문가 반 헬싱 박사의 지도를 받

드라큘라에게 사로잡힌 미나. 『드라큘라』는 남성 중심의 가혹한 관점으로 여성 희생자를 바라본다.

아 노스페라투로 변한 루시를 처단한다. 그녀의 "목을 자르고 입 안에 마늘을 넣고 몸통에다가 말뚝을 박는" 반 헬싱의 처방은 적의 손에 넘어간 여성 희생자에 대한 악랄한 처벌로 보이는데, 이는 분명 남성적 힘에 의한 강간의 메타포이다.

동유럽에서 돌아온 하커가 이 일행에 가담한 후, 그들은 드라큘라를 끝까지 쫓아가서 없애기로 결심한다. 그러나 이를 눈치 챈 드라큘라가 오히려 하커의 약혼녀 미나를 공격하고, 그녀에게 자기 피를 먹임으로써 그들에게 복수한다. 미나는 이제 드라큘라와 육체적으로, 또 정신적으로 소통하는 존재가 되었다. 미나의 이마에 성체의 빵을 갖다 대자 그것이 마치 하얗게 달군 쇳조각처럼 살을 태워서 지워지지 않는 상처를 남긴다.

미나는 자신이 '더럽혀진 몸뚱이'를 가진 죄인이라고 절규하면서 만일 자신이 사랑하는 남자를 해칠 징후를 보이면 죽어 버리겠다고 말한다. 이에 대해 그녀의 연인인 하커가 응답하는 말은 실로 가혹하다. "자살을 말하는 겁니까? 부인에게 도움이 된다면 그런 방법도 있을 겁니다. 부인을 위해 그것이 가장 좋다면, 아니 그게 안전하다면 당장에라도 안락사의 방법을 기꺼이 고려해 볼 수 있습니다." 남자들이 피를 더럽힌 여인에게 순교를 강요하고 있는 것이다. 그러나 일단은 미나가 드라큘라에 따라 움직이는 사실을 역이용해서 드라큘라를 잡자는 계획을 세운다.

반 헬싱 일행은 트란실바니아에 있는 자기 성으로 후퇴한 드라큘라를 추격한다. 이들은 현대의 십자군임을 내세운다. "우리는 더 많은 생명을 되찾기 위해 옛날의 십자군처럼 나아갈 겁니다. 그들처럼 우리는 해가 떠오르는 방향을 향해 나아갈 것이고, 만일 실패하더라도 그들처럼 훌륭한 기치 아래 실패할 것입니다." 이들이 깊숙이 쳐들어간 동유럽은 이리 떼와 집시들로 대변되는 몽매한 세계이다. 이곳에서 반 헬싱 일행은 거의 '사냥'에 가까운 행동을 한다. 결국 그들은 드라큘라를 찾아내서 목을 베고 심장에 칼을 박아 처단한다. 이와 함께 미나의 상처도 모두 낫고 그녀는 순결한 상태를 되찾는다.

드라큘라 이야기에 어떤 역사적 근거가 있는지에 대해서는 꽤 많은 논란이 있었다. 드라큘라의 모델로 여겨지는 대표적인 인물은 오늘날 루마니아에 속하는 고대 왕국 왈라키아의 왕자 블라드 3세이다. 그는 전쟁 포로 수백 명을 산 채로 말뚝에 박아 죽여서 '테페스(말뚝으로 박는 자)'라는 별명을 갖게 되었다. 드라큘라라는 이름은 그

드라큘라의 유력한 모델 블라드 3세는 포로들을 말뚝으로 박아 죽였다고 전한다. 블라드 3세는 오스만 투르크 군대를 물리친 용맹스러운 장군이다.

흡혈귀 전설의 원류가 된 에르체베트 바토리 백작 부인.

의 아버지가 이슬람교도와 싸우는 비밀 기사단인 드라큘 기사단의 일원인 것에서 비롯되었다고 한다(이때 '드라큘라'는 '드라큘의 자손'이라는 뜻이다). 이 가문은 원래 투르크 세력과 싸워서 기독교 문명을 수호하는 집단이었으나, 곧 서구 문명을 위협하는 암흑의 힘으로 여겨지게 되었다. 또 하나 흡혈귀 전설의 중요한 전거 중 하나는 17세기 초에 헝가리의 체이테 성에 살았던 에르체베트 바토리 백작 부인이다. 그녀는 700여 명의 소녀를 잡아와서 매질하고 바늘로 찌르는 고문을 하여 죽였고, 소녀들의 피를 마셔서 젊음을 유지하려 했던 것으로 알려져 있다.

사실 이런 이야기 자체가 100퍼센트 정확한 이야기도 아니고, 또 스토커가 『드라큘라』를 쓸 때 이런 내용들을 염두에 두었는지도 명확하지 않다. 그러나 저자가 소설 속에서 드라큘라 가문의 뿌리에 대해서 서술하는 부분을 보면 그와 비슷한 기록들을 읽었음이 분명하다. 원래 드라큘라는 "다뉴브 강을 건너 터키 땅으로 쳐들어가 터키인들을 무찌름으로써 명성을 얻은 귀족"이며, 이 가문은 합스부르크가나 로마노프가와도 비교할 수 없는 유구한 전통을 가진 "위대하고 고결한 가문이었지만, 그 후손들 가운데에는 같은 시대 사람들로부터 마왕과 거래를 한다는 소리를 들은 자들이 이따금 나왔다."고 서술되어 있다. 머나먼 고대로부터 면면히 대를 이어 내려오던 전통적인 세력이 타락하여 세상을 위협하는 위험한 힘으로 변질된 것이다.

이처럼 드라큘라는 진보해 가는 서유럽의 근대성과는 반대되는 측면들, 즉 동유럽 또는 그 너머 동방의 전통적인 관습이나 미신 등의 표상이다. 본문 중에 "흡혈귀는 아이슬란드인 전사(戰士), 악마의 자손인 훈족, 슬라브족, 색슨족, 그리고 마자르족의 뒤를 따라다녔다."고 서술되어 있으니, 역사적으로 서구에 위협이 되었던 종족들은 모두 피를 빨아 먹는 사악한 세력으로 치부된다.

소설 속 주인공들의 캐릭터 역시 진보와 전통이 교차하는 세기말의 상황을 반영하고 있다. 미나는 타이프라이터를 사용하는 당대의 '모던 걸'이면서도 전통적인 가치관을 그대로 간직한 소녀이고, 반 헬싱은 최신 의학 기술과 무당을 연상케 하는 미신적 사고를 함께 가진 신비로운 인물이다. 한편 드라큘라는 과거에는 최신의 과학 분야라 할 수 있는 연금술에 능통했고, 따라서 근대 과학의 힘을 배워서 이를 악용할 가능성을 가진 존재이다.

> 그자는 생존했을 당시 아주 뛰어난 사내였네. 군인, 정치가, 연금술사로서, 연금술이란 그 당시에는 가장 진보된 과학적 지식이었지. 그자는 뛰어난 두뇌와 비길 데 없는 학식, 그리고 두려움과 후회를 모르는 마음을 지녔어. 그래서 학술원에도 진출했고, 당시에는 그자가 시도해 보지 않은 학문의 갈래가 없었는데, 어쨌든 그자에게는 육체적 죽음 뒤에도, 비록 기억이 완전한 것 같지는 않지만, 지력이 살아남았어. 그자가 지녔던, 그리고 지금도 지니고 있는 어떤 정신력은 어린아이의 것에 지나지 않지만

그자는 성장하고 있고 처음에는 어린아이 같았던 면들이 이제는 어른다워졌지. 그자는 실험을 하고 있는데 그 실험이 썩 잘되어 가는 중이어서, 만일 우리가 그자의 앞길을 가로막지 않았더라면 그자는 아직까지도, 그리고 만일 우리가 실패하면 앞으로도 삶이 아니라 죽음으로 이끄는 새로운 사물의 질서를 더 확장시킬 걸세.

이 소설은 젠더(gender, 육체적 의미가 아니라 사회적 의미의 성)의 관점에서 보아도 흥미롭다. 외부의 위협에 먼저 직면하는 사람은 언제나 약한 여성이고, 또 그들 때문에 사회 전체가 위험에 빠질 수 있다. 이런 위험에서 사회를 구하는 것은 늘 엘리트 남성들이다. 반 헬싱이 미국의 카우보이 퀸시 모리스에게 한 다음과 같은 말이 이 점을 말해 준다. "한 여인이 곤경에 빠졌을 때, 이 세상에서 가장 좋은 것은 용감한 남자의 피요. 당신이 바로 그 남자요. 악마가 우리를 방해하려고 갖은 해악을 다 떨어 대지만, 하느님께서는 우리에게 남자들이 필요할 때 그들을 보내 주시는구려." 미나를 비롯한 여성들 자신도 이렇게 응답한다. "세상에 비록 괴물이 있긴 해도, 훌륭한 남자들이 많다는 것은 얼마나 마음 든든한가!"

브램 스토커

이 소설은 문명의 진보 개념이 최정점에 달했던 19세기 말 서구의 내면 상태를 잘 보여 주는 작품이다. 당대 사람들은 자신들의 시대에 과학과 기술이 진보하고 문명화가 최고조에 이르렀지만 그와 함께 도덕적 가치와 믿음 체계는 흔들리고 있었으며, 이런 내부의 동요는 외부로부터 침투해 들어오는 힘과 서로 연결되어 있다고 생각했다. 서구를 위협하는 외부의 사악한 세력이 '동방'에 투사되어 만들어진 것이 드라큘라라 할 수 있다.

자신의 선한 정체성을 확고하게 지키기 위해서는 흔히 외부의 악한 모습을 만들어 내서 그것을 거울로 삼아 대조하곤 한다. '서구'는 자신의 내면에 도사리고 있는 암울한 측면을 다스리기 위해 그것을 뒤집어씌운 사악한 이미지의 '동방'(동유럽, 그리고 더 나아가서 동양 세계)을 필요로 한 것이다. 에로틱한 방식으로 여성들을 유혹해서 사회를 병들게 하는 악마 같은 존재인 드라큘라는 곧 진보하는 사회의 내면에 자리 잡은 세기말의 불안한 그림자이다.

암울한 미래로의 여행

허버트 조지 웰스의 『타임머신』

먼 미래나 먼 과거로 시간 여행을 할 수 있는 기계가 처음 등장한 소설은 웰스(1866~1946)의 1895년 작 『타임머신』이다. 19세기에 철도와 자동차가 등장해서 사람들의 시공간 관념이 근본적으로 바뀐 것이 이 소설의 배경이 되었을 것이다. 기차나 자동차보다는 규모가 작지만 자유롭고 간편하게 이동할 수 있는 수단인 자전거도 당시 인간의 삶과 사고에 큰 영향을 미쳤다. 19세기 말 유럽 전역에서 자전거 여행이 유행했고 웰스 역시 이 새로운 취미를 가진 사람 중 한 명이었다. 여성들도 바지 끝단을 양말 속에 집어넣는 래셔널(rational, '합리적인 옷'이라는 뜻)을 입고 자전거를 타고 자유로이 돌아다녔는데, 이런 신풍속이 여성 해방에 무시

19세기 말, 자전거의 유행은 여성들의 패션까지 바꿔 놓았다. 래셔널 패션을 보여주는 당시의 그림.

영화 〈타임머신〉에서 시간여행자 역을 맡은 로드 테일러. 타임머신을 다리려고 하고 있다. 1960년.

못 할 영향을 미쳤다는 평가이다. 타임머신에 '안장'이 있고 레버를 움직여서 작동하는 것을 보면 이는 분명 자전거와 자동차의 결합, 곧 오토바이와 같은 형태임을 알 수 있다. 말하자면 오토바이를 타고 길거리를 누비듯 타임머신을 타고 시공간을 자유롭게 이동하는 것이다.

시간 여행을 할 때 느껴지는 이상한 느낌은 어떻게 표현할 길이 없다. 극도로 불쾌한 느낌이다. 롤러코스터를 탔을 때 느끼는 기분, 머리를 아래로 하고 밑으로 떨어지는 기분과도 같았다. (……) 어둠과 밝음이 빠르게 번쩍이며 교차되는 통에 눈이 아플 지경이었다. 빛이 사라지는 순간순간 빠르게 도는 달이 보였다. 달은 초승달에서 보름달로 빠르게 변했다. 속도를 더욱 높이자 낮과 밤의 번쩍거림이 서로 뒤섞여 회색으로 변했다.

웰스는 19세기 내내 지속된 과학 기술 발전의 극단을 상상한 셈인데, 정작 그의 서술은 과학적이기보다는 문학적 성격이 훨씬 강하다.

타임머신을 이용해서 우리 주인공은 서기 80만 2701년의 미래에 도착했다. 그 엄청난 시간이 흐른 후에 인류는 어떻게 되었을까?

그가 처음 만난 미래 인간은 한마디로 대여섯 살짜리 꼬마 같았다.

엘로이라고 불리는 그들은 대략 4피트(약 1.2미터) 정도의 작은 몸집에 자주색 옷을 걸치고 있었다. 그들은 매우 아름답고 우아한 모습이지만 결핵 환자를 연상케 할 정도로 몹시 연약해 보였다. 주인공은 이런 미래 인류를 보고 충격을 감추지 못한다. "서기 80만 2000년대를 살아가는 사람들이라면 지식과 예술을 망라한 모든 분야에서 월등하게 진보해 있으리라고 생각해 왔기 때문이다. 그런데 고작 대여섯 살 어린애 수준이라니! 커다란 실망감이 엄습했다."

그때 미래 사람들이 꽃을 꺾어서 주인공에게 갖다 주는데, 그 꽃은 믿어지지 않을 정도로 아름답다. "직접 보지 못한 사람은 수십만 년의 세월이 얼마나 섬세하고 훌륭한 꽃들을 만들어 냈는지 도저히 상상하지 못할 것이다." 다시 말해서 자연 자체는 진화를 거듭했지만 인간만은 진화는커녕 반대로 퇴화해서 어린아이 수준의 지능을 갖게 된 것이다. 19세기 내내 인간 사회의 지속적인 진보에 대한 믿음이 팽배했으나, 세기말에 이르러 이런 믿음에 금이 가기 시작했다. 웰스는 인류 문명이 진보하는 게 아니라 오히려 쇠퇴하리라는 비관주의를 견지하였다.

그가 본 미래 사회는

타임머신으로 미래로 간 주인공은 엘로이들을 만난다. 자연의 진화와 반대로 미래의 인류는 약하고 초라하게 쇠퇴해 있었다.

이렇다. 그들은 과거 문명의 잔해인 거대한 구조물 속에 모여서 산다. 가족 제도도 없어진 것 같았다. 그보다는 차라리 남성과 여성 간의 차이가 없어진 듯했다. 남자의 강함과 여자의 부드러움, 가족 제도, 직업상의 차이 같은 것들은 힘이 지배하는 호전적 사회에서나 필요한 것이다. 풍요를 누리게 된 사회에서는 이런 요소들이 불필요하게 되었고 결국 사라졌다.

이런 점을 두고 주인공은 의미심장한 의견을 피력한다. "이러한 추세는 이미 우리 시대에도 시작되었으며, 바로 그 미래의 시기에 완결된 것이다." 우리 시대, 곧 19세기 말에서 20세기 초에 벌어지고 있는 갖가지 사회적 노력이 예상치 못한 결과를 낳았다. 삶의 조건을 개선하려는 노력, 곧 우리 삶을 더욱 안전한 것으로 만들어 가는 문명의 과정이 절정에 이른 결과 오히려 인간은 유약해져 버린 것이다.

여기까지가 스토리의 절반에 해당한다. 주인공은 이제 엉뚱한 사건에 휘말려 들어가고 또 다른 인류와 맞닥뜨린다. 주인공의 타임머신이 사라져 버렸는데, 이것은 몰록이라 불리는 지하 인간들이 일으킨 일임이 밝혀진다. 알고 보니 인류는 두 개의 종으로 나누어져서 따로 진화해 간 것이다. 이 두 번째 인류는 땅속에서 사는 존재인데, 긴 세월이 흐르면서 희멀건 피부에다가 야행성 동물의 특징인, 빛을 받으면 번쩍이는 커다란 눈을 가지게 되었다.

주인공의 추론에 따르면 이들은 노동 계급의 후손들이다. 19세기 이후 공장들이 차츰 깊은 땅속으로 들어가다 보니 노동자들이 점점 더 많은 시간을 지하에서 보내야 했고, 결국에는 아예 지하 생활에 적응하는 방향으로 진화하게 되었다는 것이다. 땅 위에서 가진 자들

미래 인류를 지배하는 몰록은 지하에 살며 엘로이를 잡아먹는다.

이 쾌락과 안락과 아름다움을 추구하는 동안, 땅 아래에서는 가지지 못한 자들이 이렇게 변신해 간 것이다.

> 내가 꿈꿔 왔던 인류의 위대한 승리와는 거리가 멀었다. 내가 상상했던 도덕적 교육과 모든 이들의 연대가 이루어진 사회는 찾아볼 수 없었다. 그 대신 완벽한 과학으로 무장한 귀족 계급이 있었다. 그들의 승리는 단순히 자연을 굴복시킨 데에 그치지 않았다. 자연뿐 아니라 같은 인간을 굴복시킨 승리였다.

승리를 거둔 유산 계급은 완벽에 가까운 안전한 삶을 누리다 보니 역설적으로 점차 퇴화의 길을 걸어서 신체적·정신적 능력이 전반적으로 약해져 갔고, 그동안 패배한 노동 계급은 지하에서 흉측한 무리로 변해 갔다. 채식주의자인 엘로이와 반대로 몰록은 육식을 하는데, 그들이 잡아먹는 것은 다름 아닌 엘로이라는 것이 밝혀진다. 착취에 시달리던 하층민이 먼 미래에 상층민의 살을 먹음으로써 복수를 하게 된 것이다. 엘로이들이 밤이 되면 두려움에 떨며 커다란 집에 모여 함께 잠을 자는 것도 이 때문이다.

'지하'라는 메타포는 사실 작가의 어린 시절의 삶과 관련이 있다. 그의 어머니는 대저택의 가정부였으며, 그래서 온 가족이 저택의 지하에서 살아야 했다. 그렇지만 저자는 자신과 같은 출신인 '지하 인간들'에 대해 결코 동정적이지 않다. 웰스는 주인공의 입을 빌려 노동계급에 대한 착취를 비난하지만, 동시에 그 노동 계급을 몸서리치게 흉악한 존재로 그리고 있다.

> 내가 어둠 속에 서 있자 손 하나가 내 손에 닿았고, 가느다란 손가락이 내 얼굴을 더듬기 시작했다. 그리고 역겨운 냄새가 풍겨 왔다. 흉측한 무리의 숨소리가 들리는 듯했다. 보이지 않는 존재가 검진을 하듯 내 몸을 더듬는 느낌은 소름이 끼칠 만큼 싫었다. (……) 그들이 얼마나 흉측하게 생겼는지 아무도 상상하지 못하리라. 얼굴은 창백했고 턱이 없었다. 눈꺼풀 없는 커다란 회색 눈에는 분홍 색조가 감돌았다. 이런 흉악한 몰골의 것들이 눈이 부셔 어쩔 줄 몰라 하며 있는 것이다.

그는 차라리 엘로이에 동정심을 느낀다.

인간들은 수고롭게 일하는 또 다른 인간들의 등 위에 올라앉아 안락과 쾌락을 추구하며 살아왔다. 그리고 그것이 필연적 법칙의 산물이라고 선전했다. 그리고 마침내 그 필연성이 그들을 짓누르고 만 것이다. 나는 칼라일이 그랬던 것처럼 쇠잔해 버린 그 특권 계층을 경멸해 보려고 했다. 하지만 불가능했다. 아무리 지적 능력이 퇴화했다 하더라도 엘로이에게는 인류의 모습이 대부분 남아 있었기에 동정심을 느끼지 않을 수 없었다. 또한 그들의 불쌍한 처지와 두려움으로 고통스러워하는 모습을 못 본 척할 수도 없었다.

주인공은 과거에 세워졌던 박물관을 찾아가 유물들 가운데 쓸모 있는 무기를 하나 찾아냈으니, 그것은 몰록이 가장 무서워하는 성냥이었다. 이제 주인공은 타임머신을 찾으러 지하 세계로 들어가서 몰록들과 일대 난타전을 벌인다. 쇠막대기를 잡고 "쥐새끼 같은 것들"을 후려치는 장면에서는 몰록에 대한 적의를 노골적으로 드러낸다. "내리치는 몽둥이를 타고 살이 터지고 뼈가 부러지는 느낌이 손으로 전해져 왔다. 격렬한 싸움을 할 때 가끔 느끼는 이상한 희열에 휩싸였다." 여기에서 주목할 점은 주인공은 몰록을 저주하며 공격하지만 사실 주인공이 하는 행위가 바로 그 몰록의 행태와 똑같다는 점이다.

가까스로 타임머신을 찾아서 지상으로 올라오니 여전히 엘로이들은 소 떼처럼 들판에서 놀고 있다. 그는 비애를 느끼며 인류의 미래에 대해 이런 식으로 문명 쇠퇴의 논리를 추론해 본다.

그들은 소와 같은 종말을 맞게 될 것이다. 인간의 지능이 얼마나 덧없는 것인가 하는 생각이 들어 나는 몹시 슬퍼졌다. 인간의 지능은 스스로를 파괴해 버렸다. 안락과 편리를 향해 쉬지 않고 나아갔고, 마침내 인간이 바라던 사회, 즉 안전과 영속성이 조화를 이룬 사회가 건설되었다. 생명과 재산의 안전이 완벽하게 보장되었다. 부자에게는 부와 안락이 보장되고, 노동자에게는 그들의 생명과 노동이 보장되었다. 그 완벽한 사회에서는 실업 문제 등 해결되지 않은 문제가 하나도 없었다. 그렇게 완벽한 평화의 시대가 도래했다.

거기에 우리가 놓쳐 버린 자연의 법칙이 있었나. 지석 능력이란 변화와 위험과 어려움을 통해 얻어지는 자연의 산물이라는 점이다. 주위 환경과 완벽한 조화를 이루어 살아가는 생명체는 다만 완벽한 기계에 불과하다. 지능이란 습관이나 본능이 더 이상 먹혀들지 않는 상황에서 요구되는 것이다. 변화나 변화의 필요성이 없는 곳이라면 지능이 설 자리 따위는 없어진다. 커다란 문제나 위험에 맞서야만 그 생명체는 지능을 소유할 수 있다.

그리하여 지상 사람들은 연약하지만 아름다운 존재로 변해 갔고, 지하 세계는 단순히 기계적으로 생산만 하는 사회가 되었다. 그러나 이 완벽한 상태도 한 가지가 결여되어 있었다. 즉, 완전한 영속성이었다. 정확한 이유야 알 수 없지만 시간이 흐르자 지하 세계에 대한 식량 공급이 제대로 이루어지지 않게 된 것이다. 그로써 수천 년 동안 구석에 처박혀 있었던, 발명의 어머니라 불리는 '필요'가 다시 등장하게 되었다. 지하 세계에서는 기계를 다루고 있었다. 아무리 기계가 완벽하다고 해도 단순한 습관 외에 약간의 지적 능력도 요구되기 마련이다. 따라서 지하 인간들은 지상 사람들에 비해 인간적 품성 면에서는 떨어졌지만 창의성에서는 앞서 갈 수 있었다. 그래서 식량 확보에 어려움을 겪던 지하 인간들은 그때까지 금기시해 왔던 인육을 먹기 시작한 것이다. 그것이 서기 80만 2701년에 목격한 세상이었다.

이제 타임머신을 되찾은 주인공은 고향으로 되돌아가려고 한다. 그런데 그만 실수로 다시 과거로 되돌아가는 대신 빠른 속도로 미래를 향해 가고 만다! 그리하여 주인공은 인간의 미래만이 아니라 지구의 미래까지 보게 된다. 그 이미지는 암울하고 쓸쓸한 몰락의 모습이다. "온 세상을 덮고 있던 소름 끼치는 그 황량함은 도저히 표현할 길이 없다."

점점 밝아지는 하늘이 타는 듯한 진홍빛을 띠고 있었으며, 풍선처럼 부푼 붉은 태양이 지평선에 몸을 반쯤 가린 채 꿈쩍도 하지 않고 그 자리에 있었다. 주위의 암석은 눈에 거슬리는 붉은색 계열이었다. 눈에 보이는 생명체의 흔적이라고는 바위의 남동쪽 면을 덮은 녹색 식물뿐이었다.

지구의 운명이 궁금했던 주인공은 이제 1000년 단위로 가다 서다를 반복하며 점점 더 먼 미래로 가 본다.

서쪽 하늘의 태양이 점점 커져 가며 빛을 잃어 가는 것과 지구 위의 생명체가 사라져 가는 것을 홀린 듯이 지켜보았다. 그리고 마

허버트 조지 웰스는 『타임머신』에서 문명 진보에 대해 비관적 전망을 그렸다.

침내 지금으로부터 2000만 년이 지난 시점이 되자 거대한 붉은 태양은 어두운 하늘을 거의 10분의 1이나 차지했다. (……) 붉은 해변에는 거무스름한 녹색 이끼를 빼고는 아무 생명체도 보이지 않았다. 심한 추위가 닥쳐왔다. 간혹 흰 눈이 쏟아져 내렸다. (……) 온 세상은 침묵뿐이었다.

이것이 저자가 그리는 지구의 암울한 미래이다.

주인공은 19세기 현재로 되돌아가서 친구들을 만난다. 소설의 마지막 부분은 시작 부분과 다시 연결된다. 친구들은 그의 이야기를 전혀 믿지 않는다. 다만 미래 세계에서 가지고 온 꽃 한 송이를 보고 처음 보는 희한한 꽃이라며 의아해하는 것이 전부이다.

다시 보면 그가 미래 세계에서 돌아온 다음 허기에 지쳐 고기를 먹고 싶다며 재촉하는 장면이 새삼 의미심장하게 여겨진다. 우리 인류는 어쩔 수 없이 몰록의 성향을 내면에 가지고 있는 것일까?

얼마 후 주인공인 시간 여행자는 다시 타임머신을 타고 사라진다. 그러고는 3년이 지나도록 돌아오지 않고 있다. 어쩌면 영원히 돌아올 수 없게 되었는지도 모른다. 그의 친구는 예전에 그와 나눈 대화 내용을 상기한다. 이는 거창한 진보의 신념이 거의 종점에 다다른 세기말, 문명의 쇠락을 예견하는 한 비관주의자의 쓸쓸한 결론이다.

그는 인류의 진보에 대해 어두운 전망을 했다. 타임머신을 만들기 훨씬 전에도 이 문제에 대해 그와 토론한 적이 있다. 문명의 발전이란 부질없이 쌓아 놓은 것에 불과하며, 마침내는 문명을 세운 사람들 머리 위로 무너져 내리리란 것이 그의 이야기였다. 만일 그렇다면 우리 인류가 할 수 있는 일이라고는 그러한 사실을 외면하면서, 아닌 척하면서 살아가는 수밖에 없으리라.

과학 기술의 발전과 산업 성장이 인류 문명의 무한한 진보를 가져다주리라는 순진한 믿음은 스러져 갔다. 그런 발전 자체가 필연적으로 가져오는 사회 문제의 심각성으로 어두운 전망이 점차 확산되었다. 진보에 대한 굳은 믿음의 시대가 지나가고 있는 것이다.

세계의
대영혼에 눈뜨다

존 스타인벡의 『분노의 포도』

또 다른 천사가 하늘에 있는 성전에서 나오는데 역시 예리한 낫을 가졌더라. 또 불을 다스리는 다른 천사가 제단으로부터 나와 예리한 낫 가진 자를 향하여 큰 음성으로 불러 이르되 네 예리한 낫을 휘둘러 땅의 포도송이를 거두라 그 포도가 익었느니라 하더라. 천사가 낫을 땅에 휘둘러 땅의 포도를 거두어 하나님의 진노의 큰 포도주 틀에 던지매 성 밖에서 그 틀이 밟히니 틀에서 피가 나서 말 굴레에까지 닿았고 천육백 스다디온에 퍼졌더라. — 요한계시록 14장 17~20절

존 스타인벡(1902~1968)이 1939년에 발표한 소설인 『분노의 포도』는 대공황 시절 심한 가뭄과 농업 구조의 변화로 땅을 잃고 서부로 이주해 간 소작농들의 삶을 그린 작품이다.

미국 경제는 1929년 주식 시장 붕괴 이후 심각한 불황에 빠져들었다. 수많은 실직자들이 거리로 쏟아져 나왔다.

1920년대 말부터 약 10년 동안 북아메리카와 유럽을 필두로 전 세계가 광범위하게 경기 침체를 겪었다. 1920년대에 호황을 누리던 미국 경제는 주식 시장 붕괴 이후 심각한 불황에 빠져들었고, 미국에서 시작된 대량 실직 사태는 유럽 각국으로 확산됐다. 각 나라는 자국 경제를 보호하기 위해 금본위제를 포기하고 무역 규제를 했는데, 이는 세계 경제의 동반 하락을 부채질했다. 경제 위기는 파시즘이나 나치즘, 또는 스탈린주의와 같은 극단적 정치 세력을 강화시키는 결과도 낳았다.

대공황의 충격과 함께 1930년대 초반에 북아메리카의 많은 지역에서 심각한 먼지 폭풍이 일어나서 환경 문제와 농업 문제를 불러일으킴으로써 상황을 더욱 어렵게 만들었다. 이 시기에 미국 남부 지역은 이른바 황진 지대(黃塵地帶)로 변해 갔다. 오랫동안 심경(深耕) 방식의 단일 경작을 지속해서 풀들이 점차 사라지고 토양이 메말라 있던 터에 심한 가뭄이 계속되자 극심한 흙먼지가 불어와서 완전히 농사를 지을 수 없는 땅이 되고 만 것이다. 길거리에 나앉게 된 수많은 사람들이 일거리를 찾아 캘리포니아로 떠났는데, 이들을 오우키라고 했다. 원래 오우키는 오클라호마 주 사람들을 가리키는 말이었지만, 나중에는 미국의 남부와 중서부 지방에서 캘리포니아로 들어오는 모든 이주 노동자들을 가리키게 되었다. 소설은 조드 일가가 캘리포니아로 가는 과정을 추적하면서 이 시대를 비통하게 그려 내고 있다. 아마도 당시 사회상을 이보다 더 실감 나게 그린 작품도 흔치 않을 것이다.

이야기는 살인죄로 복역하고 있던 톰 조드가 가석방되어 집으로 돌아가는 것으로 시작된다. 도중에 톰은 어린 시절에 알았던 전도사 짐 케이시를 만나 함께 집으로 향한다. 그런데 옛집을 찾아가니 집 안이 텅 비어 있고 아무도 없다. 혹시나 해서 큰아버지인 존의 집으로 가 보니 마침 온 가족이 남은 재산을 다 모아서 트럭을 타고 캘리포니아로 떠날 준비를 하고 있었다. 조드 일가는 소작농이었는데, 황진 현상으로 농사를 망친 후 은행에서 빌린 돈을 갚지 못하여 농지를 떼이게 된 것이다.

부근의 소작인들도 모두 마찬가지 처지였다. 소작인들 생각에는 그 땅은 자기네들 것이다. "우리가 이 땅을 측량하고 나누고 갈았다. 여기에서 태어났고 일생 동안 일했고, 그리고 여기서 죽어 왔다는 사실, 그것이 바로 이 땅에 대한 우리들의 소유권이다. 그것이 진짜 소유권이지 숫자 나부랭이 몇 개 적어 놓은 종이쪽지가 소유권은 아니다." 물론 이런 소박한 생각이 먹혀들 리는 만무하다.

이때 절망에 빠진 농민들에게 기가 막힌 희망을 던져 주는 전단지가 돈다. 풍광이 아름답고 일거리가 넘쳐나는 캘리포니아에서 높은

땅을 잃은 소작민들의 저항은 아무 소용이 없다. 조드 일가는 고향을 등지고 캘리포니아를 향해 떠난다. 영화 〈분노의 포도〉, 1940년.

품삯을 주고 농장 노동자를 구한다는 구인 광고가 사람들 마음을 들뜨게 한다. 조드 일가도 광고를 믿고 캘리포니아로 떠나기로 결정한 것이다. 그러나 과연 전단지 내용이 사실일까? 어쨌든 너무나 많은 사람들이 광고만 믿고 캘리포니아로 떠나는 것은 분명하다.

국도 66번 콘크리트 길은 조드 일가와 같은 사람들로 가득하다. 이 길은 대분수령인 로키 산맥을 횡단하고 사막을 가로질러 산으로 들어갔다가 다시 산에서 내려와서는 그 기름지다고 알려진 캘리포니아 주 베이커즈필드 시까지 이어져 있다. 조드 일가는 중간에 계속 말썽을 일으키는 고물 트럭을 끌고 이 머나먼 길을 달려가야 한다. 그것은 마치 이집트에서 가나안으로 가는 출애굽기의 여정과도 같은 고난의 길이다.

자연히 이 험난한 여정의 중간에서 죽는 사람과 이탈하는 사람들이 생겨난다. 낡은 세대는 이 길을 끝까지 함께할 수 없다. 가장 먼저 할아버지가 돌아가신다. 사실 할아버지는 오클라호마의 땅에 뿌리를 내리고 평생 살아왔기 때문에 그 땅을 벗어나는 순간 이미 산목숨이 아니었다. 사막을 넘으면서는 할머니마저 돌아가신다. 톰의 형인 노아는 물고기를 잡으면서 홀로 살겠다며 가족에게서 떨어져 나간다. 마지막으로 임신한 누이동생 로자샨의 어린 남편 코니도 도망가 버린다. 남은 가족들은 다른 선택을 할 여지가 없어 캘리포니아로 가는 수밖에 없다.

그러나 천신만고 끝에 도착한 캘리포니아는 약속의 땅이 아니었다. 결코 젖과 꿀이 흐르는 행복의 낙원이 아니었다. 아니, 정확히 말하면 젖과 꿀이 흐르긴 하나 그것은 이미 대지주와 회사들의 차지가 되어 있다. 수많은 사람들이 몰려오도록 유도한 결과 임금이 턱없이 떨어져서, 이주민들은 고향에서나 마찬가지로 이곳에서도 생계를 유지하기 힘들다. 오히려 풍성한 과실이 넘쳐나는데도 사람들이 굶주림에 시달리는 모순은 고향에서 경험한 것보다 더 극심한 고통과 분노를 일으킨다.

캘리포니아가 곡물과 과일이 넘쳐나는 땅인 것은 분명하다. 그런데 오히려 그게 문제이다. 버찌, 배, 포도, 오렌지가 너무 많이 나서 지천에 널려 있다. 농산물이 과잉 생산되니 값이 너무 떨어진다. 배는 1톤에 5달러, 버찌는 1파운드에 1센트 반이다. 수확 일꾼의 품삯을 대지 못할 정도로 가격이 떨어져서 농장주들은 차라리 과일이 땅에 떨어져 그냥 썩도록 내버려 둔다. 과일이 썩는 그 달콤한 냄새가 온 땅 위에 퍼져 고달픈 이들에게 슬픔을 더한다.

곡물과 과일 값을 유지하기 위해서는 잉여 농산물을 폐기처분해야 할 판이다. 굶주려 죽어 가는 사람들이 과일을 주워 먹지 못하도록 지주들은 오렌지 더미 위에 석유를 뿌린다. 기선의 연료로 커피를

캘리포니아에 온 조드 일가가 머물 곳은 일자리를 찾아 온 사람들이 이룬 빈민촌이었다. 전도사 케이시(맨 오른쪽)는 몇 센트의 일당에 만족하는 톰 조드에게 개인적인 대응으로는 아무 문제도 해결할 수 없다는 사실을 말해 주지만 곧 백골단에게 희생되고 만다.

때고 곡식을 태워서 난방을 한다. 감자를 강물 속에 처넣는 것도 모자라서 굶주리는 사람들이 그것을 건져 가지 못하도록 강둑 양쪽에 감시원을 배치한다. 돼지도 잡아서 그대로 땅에 묻어 버린다. 이런 일들을 지켜보는 사람들의 가슴에 분노가 알알이 익어 가는 것도 무리가 아니다. "사람들의 눈에는 분노의 포도가 충만하다. 포도송이처럼 주렁주렁 매달린 분노가 포도 수확기를 위하여 알알이 무겁게 영글어 간다." 기아와 분노는 종이 한 장 차이에 불과했다(영어로 기아 hunger와 분노anger는 발음이 비슷하다).

사실 불안하기로는 캘리포니아 사람들도 마찬가지이다. "배고픈 것을 모르던 사람들이 처음으로 배고픈 사람들의 눈동자를 보았다. 부족한 것을 모르던 사람들이 이주민들의 눈동자 속에서 궁핍으로 생겨난 노여움의 불꽃을 목격했다." 캘리포니아 주민들은 "더럽고 무식하고 타락한 도둑놈들, 재산권에 대해 아무런 의식도 없는 개새끼"들인 오우키들의 '침입'을 겪으며 그들 스스로 잔인해졌다. 그들은 곤봉과 가스와 총으로 무장했다. 원주민과 이주민 사이의 갈등은 피할 수 없는 일이 되었다.

캘리포니아의 지주들과 기업들은 함께 짜고 일꾼들의 임금을 내리려고만 한다. 그나마 노동자들은 파업을 통해 죽지 않을 정도의 임금을 보장받았지만 곧 그 임금도 반으로 줄어들 것이다. 1톤의 복숭아를 따야 1달러를 버는 수준이다. 케이시와 톰은 파업을 벌이는 사람들과 이를 저지하는 '백골단' 사이에 잘못 말려들어 가서, 케이시는 상대방이 휘두른 몽둥이에 맞아 죽고, 이에 분개한 톰도 몽둥이를 휘둘러 사람을 살해한다. 톰은 다시 쫓기는 신세가 된다. 그가 도주하기 전 어머니와 나누는 대화는 톰이 단순한 도망자가 아니라 현실에 눈뜬 투사로 변신했음을 보여 준다.

백골단 한 사람을 죽이고 도주하기 전 조드는 이전과 다른 새로운 세계관에 도달한다.

"어머니, 나도 생각해 보았어요. 사람들이 왜 그렇게 돼지같이 사는지, 그리고 그 기름진 땅이 그냥 묵혀 있고 한 사람이 100만 에이커씩 차지하고 있는데도 사람들은, 그 훌륭한 농부들은 수십만 명씩 굶어 죽어야 하는지, 그 이유를 생각해 보았어요. 그래서 우리도 다 같이 입을 모아서 고함을 질러 보면 어떨까 하고 말예요. (……) 나는 어둠 속에서 아무 데나 돌아다니겠어요. 어머니가 찾으시는 데는 아무 데나 다 가 있겠어요. 배고픈 사람들이 먹기 위해서 싸우는 그런 곳에는 어디든지 가 있겠어요. 사람들이 분노에 못 이겨 미쳐 날뛰며 고함을 치는 그런 데에 나는 가 있겠어요. 굶주린 어린아이들이 저녁밥을 먹고서 웃고 있는 그런 데에 가겠어요. 우리 같은 사람들이 자기들 손으로 가꾼 음식을 먹고 자기들이 지은 집에서 살고 있는 그런 곳에 가 있겠어요."

놀랍지 않은가? 마치 러시아의 혁명 소설에나 나올 법한 대화를 미국인 모자가 나누고 있는 것이다.

이제 세상은 말세의 풍경을 드러내고 있다. 비가 새는 헛간의 젖은 풀 위에서 폐렴 걸린 여자가 숨을 헐떡이며 아이를 낳는다. 늙은 이들은 한쪽 구석에 웅크리고 앉아 있다가 그 모습 그대로 죽어 간다. 검시관들은 그렇게 굳어 버린 시체를 똑바로 펼 수가 없다. 밤이 되면 광기를 띤 남자가 남의 닭장에 들어가서 닭을 잡아 가지고는 뛰지도 않고 시무룩한 얼굴로 그저 물속을 철벅거리며 걸어가다가 날아온 총탄을 맞으면 지친 듯이 흙탕물 속에 가라앉는다.

말세처럼 비가 온다. 임신한 상태로 여기까지 왔던 로자샨은 죽은 아이를 낳는다. 톰의 아버지는 죽은 아이를 나무 상자에 넣어 물속으로 떠내려 보내며 절규한다.

"물을 타고 내려가서 이야기를 해라. 한길에 나가서 썩어서 그렇게 말을 해라. 너는 그렇게밖에 말을 할 수가 없다. 너는 사내였는지 계집애였는지조차 모른다. 알 도리가 없구나. 자, 이제 떠내려가라. 그래서 한길에 누워라. 그래서 사람들은 깨닫게 될지도 모르리라."

사람들의 분노가 하늘 끝까지 미친 듯하다. 그러나 소설의 끝 부분에서 작가는 마지막 희망을 이야기한다. 조드 일가가 홍수를 피해 헛간에 들어갔을 때, 그곳에 미리 와 있던 어느 가족의 남자가 굶주림으로 죽어 가고 있었다. 로자샨은 그 남자에게 젖을 물려 준다. 자신의 아이는 비록 목숨을 잃었지만 그 대신 죽어 가는 다른 사람을 살리면서, 로자샨은 철부지 어린아이에서 성숙한 어른이 되고 세상을 향한 눈을 뜨게 된 것이다.

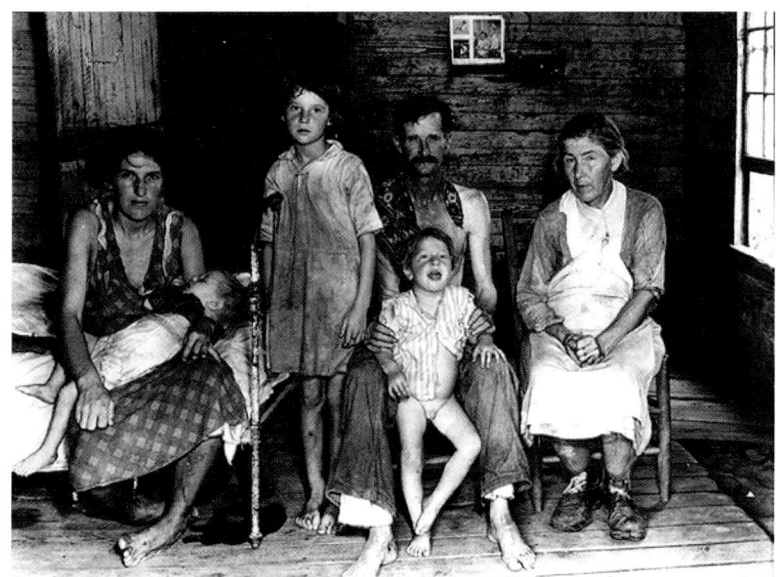
대공황기의 가난한 가족. 잉여 생산물은 빈민들에게 돌아가지 않았다.

이 작품을 쓴 후 스타인벡은 영락없이 공산주의자로 몰려 극심한 비판을 받는다. 사실 이 작품 중에는 그렇게 볼 만한 부분이 적지 않다. 특히 14장에서 작가의 주장이 조금은 거칠게 제시되는 부분이 그렇다.

사람들은 이 모든 변화가 결과이지 원인이 아니라는 것을 모른다. 그 원인이야말로 깊고도 단순한 것이다. 즉 창자가 굶주리고 있는 것, 바로 그것이다. 이 기아 상태가 백만 배로 늘어난 것이다. 인간의 마음속에 느끼는 배고픔, 즐거움과 안정된 삶에 대한 굶주림, 이것이 백만 배로 늘어난 것이다. 좀 더 성장하고 일하고 창조하고 싶은 몸과 마음, 이것이 백만 배로 늘어난 것이다.

존 스타인벡

이 원인으로부터 폭탄이 만들어져 사방에서 터지고 있다.

대기업주들이 살아 있음에도 파업이 일어나지 않는 시대는 무서운 시대이다. 왜냐하면, 조그맣게 일어났다가 여지 없이 얻어맞는 하나하나의 파업이야말로 전진하는 발걸음이 멈추어지지 않고 있다는 증거이기 때문이다.

그는 더 나아가서 이런 논리를 전개한다. '내'가 땅을 빼앗긴 것이 아니라 '우리'가 땅을 빼앗겼다고 생각하는 것이 문제이다. 빼앗긴 우리끼리 서로 합치는 것, 이것이 실로 위험하다. 이것을 인식하면 당신들(지주를 비롯한 압제자들을 가리킨다)은 살아남을 수 있지만 그렇지 않으면 실로 위험하다. "물건을 소유하는 속성이 당신들을 영원히 '나'로 굳어지게 만들기 때문이며 당신들 자신을 우리로부터 영원히 절연시켜 버리기 때문이다."

그러나 사실 스타인벡이 '공산주의자'라고 단정할 수는 없다. 그가 과연 마르크스와 레닌의 철학과 혁명 프로그램에 동의하는지는 불확실하다. 스타인벡에게 굳이 어떤 이름을 붙이고자 한다면 내 생각으로는 차라리 '생명론자'에 가까워 보인다. 그가 자본주의의 해악에 대해 비판적이고, 또 노동자와 농민들의 단결을 통해 사회 문제를 해결할 것을 촉구하는 것은 맞지만, 그렇다고 계급 투쟁을 통해 무산계급이 생산 수단을 차지하고 그에 맞는 정치권력을 장악하는 것을 목표로 삼는 것 같지는 않다. 그보다는 인간 전체가 하나의 큰 영혼 또는 생명을 나누어 가지고 있다는 깨달음을 촉구하는 것 같다. 케이시가 톰에게 들려주는 말에서 이 점을 확인할 수 있다.

"나는 성령과 그리스도의 길을 생각했지. 왜 우리는 모든 것을 하느님이나 예수한테 걸고 넘어져야 하느냐 이거야. 우리가 사랑하는 것은 모든 남자들, 그리고 모든 여자들이란 말이야. 그렇다면 그게 바로 성령이고 인간의 영혼이고, 그리고 현재와 관계 있는 모든 인간사가 아닌가! 아마 모든 사람들이 다 자기의 일부분으로서 영혼이라는 것을 가지고 있을 거란 말야."

이 장대한 비극적 서사시는 케이시가 희생된 뒤 세계의 영혼에 눈을 뜬 톰이, 그리고 그에 공감하는 사람이라면 누구나 케이시의 길을 이어 세상의 생명을 나누는 일을 하리라는 점을 시사하며 끝을 맺는다.

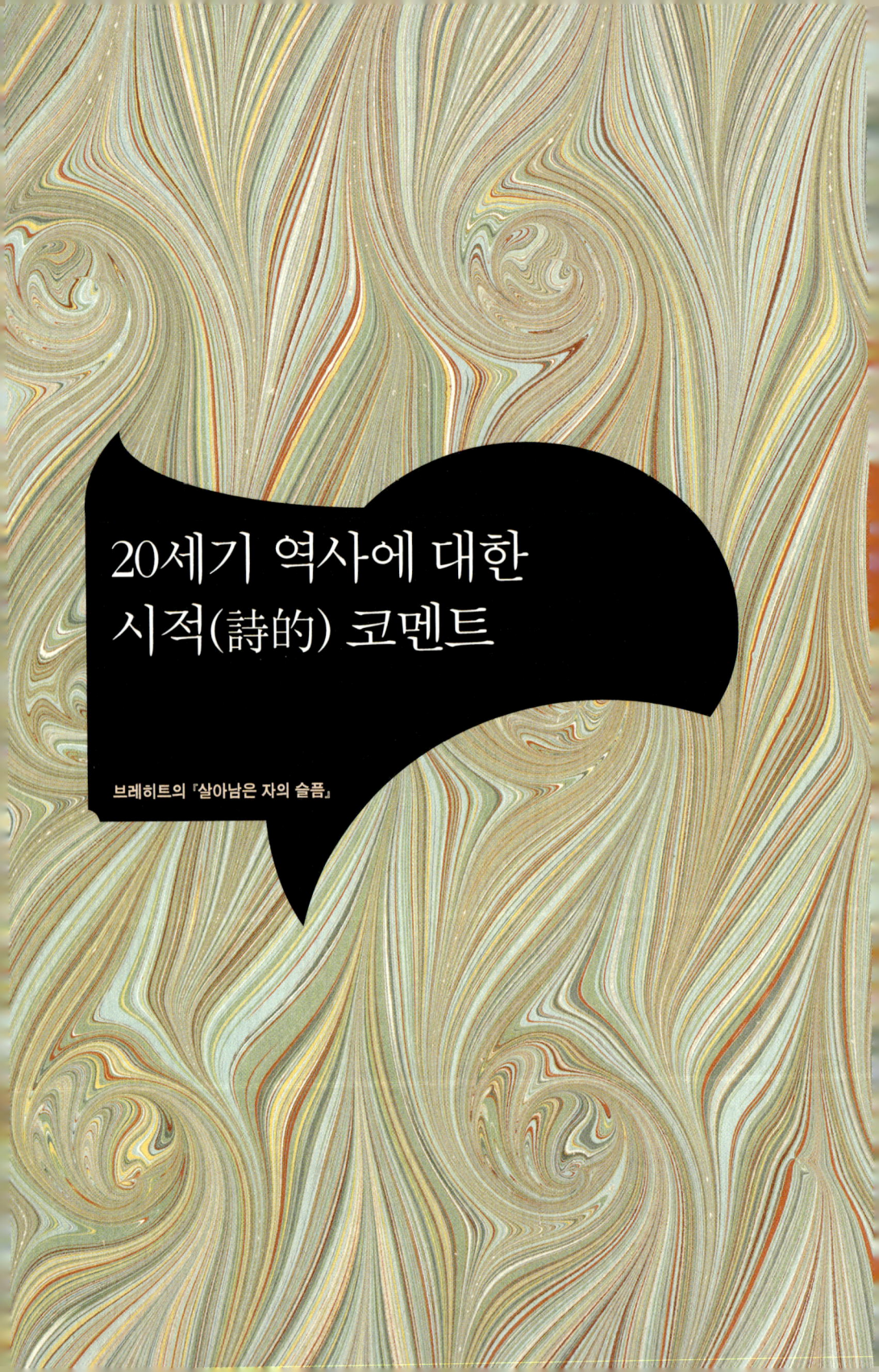

 모든 산봉우리에

정적이 깃들고

모든 나뭇가지 끝에서

그대는 숨결조차 느끼지 못한다.

숲 속의 작은 새들은 침묵한다.

잠깐만 기다려라, 곧

그대도 휴식하게 되리니.

이것이 괴테의 유명한 시 「방랑자의 밤 노래」이다. 이제 이 시를 패기만만하고 불온하기 짝이 없는 스물여섯 살의 시인이 어떻게 패러디했는지 보자.

언젠가 이곳에 늙은 여자가 한 사람 나타났습니다.

그 여자는 먹을 빵이 하나도 없었습니다.

빵은 군인들이 다 처먹어 버렸던 것입니다.

그때 그녀는 차가운 하수도에 빠졌습니다.

그러자 그녀는 더 이상 배가 고프지 않게 되었습니다.

이에 대하여 숲 속의 작은 새들은 침묵했다.

모든 나뭇가지 끝에 정적이 깃들고

모든 산봉우리에서 그대는

숨결조차 느끼지 못한다.

1927년에 출판된 베르톨트 브레히트(1898~1956)의 첫 시집 『가정 기도서』에 나오는 시 「숨결에 관한 기도문」은 고통과 모순이 가득한 현실을 보고도 침묵하는 시민 문학에 대한 통렬한 비판이다. 우선 '가정 기도서'라는 제목부터가 심상치 않다. 제목만 보면 엄숙한 종교적 분위기에서 사람들에게 선량한 미풍양속을 가르치는 내용일 것 같지만 실제 내용은 영 딴판이다. 예컨대 「위대한 감사의 송가」는 하늘의 영광이 아니라 "추위와 어둠과 멸망을 찬양하라!"고 가르친다.

하늘의 나쁜 기억력을 진심으로 찬양하라!
그리고 하늘이 그대들의
이름도 얼굴도 모른다는 것을 찬양하라.
그대들이 아직도 살아 있다는 것을 아무도 모른다.
(······)
그대들은 아무런 걱정 말고 죽어도 된다.

이 시집의 '사용 방법' 역시 특이하다. 예컨대 "제3과 '연대기'는 자연의 거친 폭력이 닥쳐오는 시간에 뒤적이는 것이 좋다. 호우, 폭설 등 자연의 폭력이 닥쳐오는 시간에는 낯선 대륙에 사는 대담한 남자나 여자들의 모험에 의지하면 든든해진다. (······) 이 연대기를 읽을 때에는 담배를 피우는 것이 좋고, 보조 수단으로 현악기를 반주해도 괜찮을 것이다." 한마디로 시인은 모든 기존 권위를 비웃고 뒤집어엎는 중이다.

이처럼 저항 정신이 충천한 젊은 시인이 히틀러가 집권한 독일에서 편안히 살아갈 수는 없었다. 그는 1933년 독일을 떠나 프라하, 빈, 취리히를 거쳐 덴마크의 스벤보르로 망명했다. 이때 그는 단순히 반사회적이거나 허무주의의 관념에서 벗어나 적극적으로 사회에 참여하는 시를 쓰게 된다. 역사의 흐름은 얼마든지 바꿀 수 있으며 우리는 마땅히 올바른 사회를 만들어야

베르톨트 브레히트

하고, 그러려면 가난하고 억압받는 사람들의 의식이 깨어야 한다. 그럴진대 시와 문학은 저 높은 곳에서 청아한 소리로 음풍농월할 것이 아니라 '현재 이곳에서' 살아가는 사람들이 눈을 뜨도록 구체적인 진리를 이야기해야 한다.「배움을 찬양함」에서 그는 이렇게 외친다.

배워라, 난민 수용소에 있는 남자여!
배워라, 감옥에 갇힌 사나이여!
배워라, 부엌에서 일하는 부인이여!
배워라, 나이 60이 넘은 사람들이여!
학교를 찾아가라, 집 없는 자여!
지식을 얻어라, 추위에 떠는 자여!
굶주린 자여, 책을 손에 들어라. 책은 하나의 무기다.
당신이 앞장을 서야만 한다.

나치 독일이 덴마크까지 밀려오자 그는 시베리아를 넘어 블라디보스토크에서 배를 타고 미국으로 건너갔다. 마르크시즘에 기울었던 시인으로서는 참으로 역설적이게도 미국 자본주의 문화의 1번지인

할리우드에 주거를 정하였다. 그러고는 "아침마다 밥벌이를 위하여/ 거짓을 사 주는 장터로 갔다." 「살아남은 자의 슬픔」에는 많은 동지들이 처참하게 죽어 간 마당에 자신은 그렇게나마 살아남았다는 데 대한 자괴감이 짙게 묻어난다.

> 물론 나는 알고 있다. 오직 운이 좋았던 덕택에
> 나는 그 많은 친구들보다 오래 살아남았다. 그러나 지난밤 꿈속에서
> 이 친구들이 나에 대하여 이야기하는 소리가 들려왔다.
> "강한 자는 살아남는다."
> 그러자 나는 자신이 미워졌다.

폭력이 넘치는 이 세계, "서정시를 쓰기 힘든 시대"를 살아야 했던 그의 고단한 편력은 그 후에도 계속된다. 1947년 미국에서 사실상 쫓겨난 브레히트는 서독으로 돌아가려고 했지만 군정 당국이 그를 받아들이지 않았기 때문에 결국 동베를린에 정착해서 생애 마지막 기간을 보냈다. 그러나 어쩔 수 없이 선택한 동독에서 보낸 만년도 결코 행복하지는 않았다. 냉전 상황은 끝까지 이 시인에게 깊은 고뇌를 안겨 주었다. 동독은 결코 사회주의 천국은 아니었던 것이다.

저녁이 되면 전기가 끊길 정도로 경제 여건이 안 좋은 상황에서 소련이 요구하는 군사력 증강은 경제적 부담을 더욱 무겁게 만들었고 중공업 우선 정책의 결과 식품과 소비재가 태부족이었다. 이런 문제를 해결하기 위해 동독 당국이 내놓은 방안은 기껏해야 노동자들에게 더 많은 노동을 요구하는 것이었다. 1953년 6월 17일, 동베를린에서

10만 명 이상이 참가한 노동자 봉기가 일어났다. 당국은 무력 진압을 결정했고, 곧 소련군 2만 명과 탱크가 들이닥쳤다. 당시의 공식 발표는 '겨우' 55명만 죽은 것으로 되어 있지만 사실은 400명 이상이 죽었고, 그 후 군사 법정에서 100명 이상이 사형 선고를 받았다.

이제 시인은 무슨 일을 할 수 있단 말인가? "차라리 정부가 인민을 해산해 버리고 다른 인민을 선출하라."는 식의 야유 섞인 시 몇 편을 썼을 뿐……. 당국의 지원을 받아 문학 활동을 하고 있었고, 스탈린을 찬양하는 시까지 써야 했던 그는 당과 인민 사이에서 명백한 입장을 보이지 못했다. 그의 마지막 시편들에서는 냉전 시대 분단국가의 지식인이 느껴야 했던 모멸과 고통이 가슴 아프게 드러나 있다.

이곳 어디에나 있는 아름다운 은백양나무가
오늘은 늙은 마귀할멈처럼 보인다. 호수는
구정물의 늪, 휘젓지 마시오!
금어초(金魚草)들 사이의 푹시아 꽃은 값싸고 천박하게 보인다.
왜?
어젯밤 꿈에는 마치 문둥이를 손가락질하듯
나를 가리키고 있는 손가락들을 보았다. 그것들은
일을 너무 해서 닳아빠지고 잘려 있었다.

아무것도 모르는 놈들 같으니라구! 죄의식 속에서
나는 이렇게 소리쳤다.
—「기분 나쁜 아침」 전문

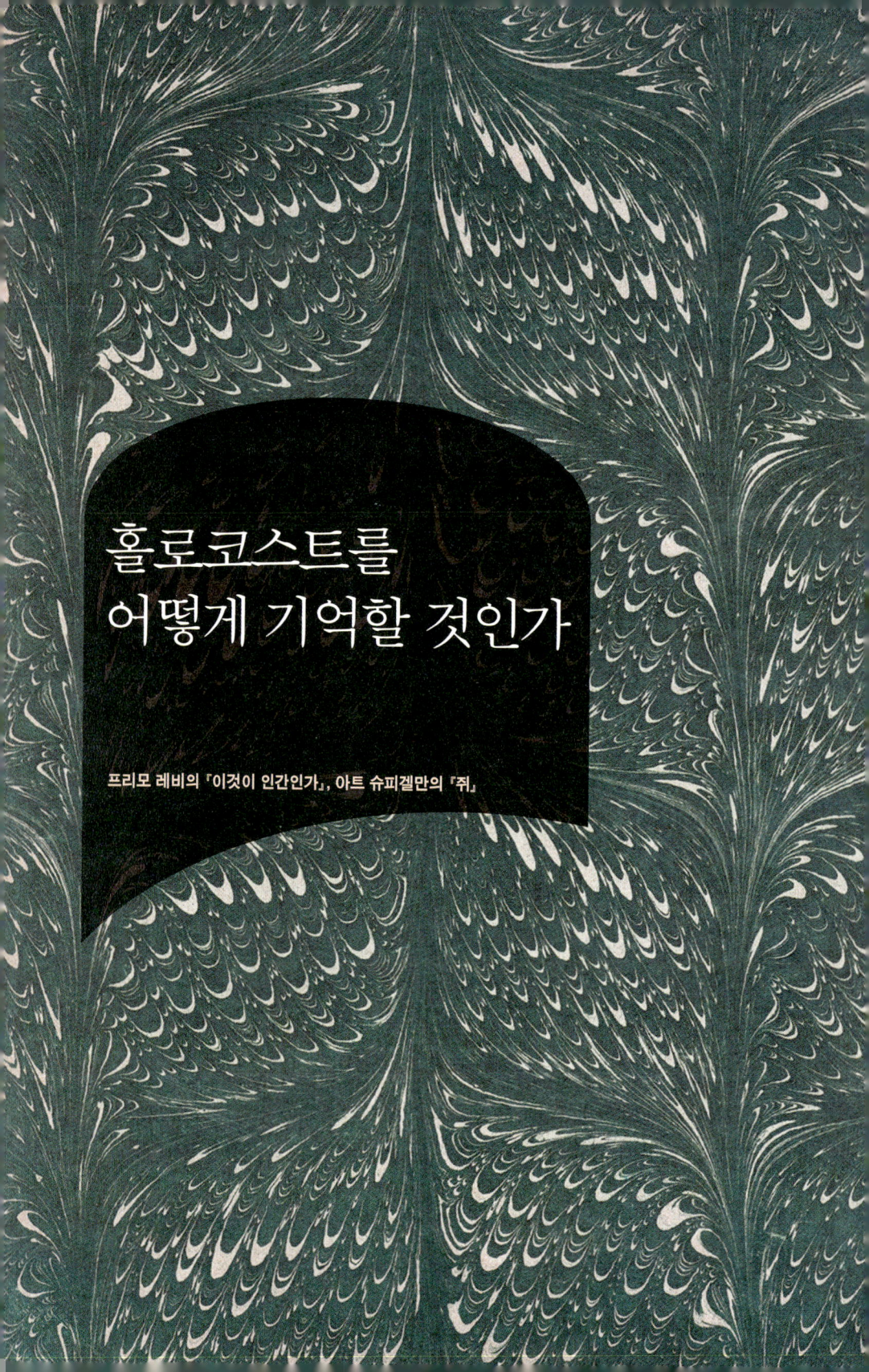

홀로코스트를 어떻게 기억할 것인가

프리모 레비의 『이것이 인간인가』, 아트 슈피겔만의 『쥐』

　　　　　따스한 집에서
　　　　　안락한 삶을 누리는 당신,
집으로 돌아오면
따뜻한 음식과 다정한 얼굴을 만나는 당신,
생각해 보라, 이것이 인간인지.
진흙탕 속에서 고되게 노동하며
평화를 알지 못하고
빵 반쪽을 위해 싸우고
예, 아니오라는 말 한마디 때문에 죽어 가는 이가.
생각해 보라, 이것이 여자인지.
머리카락 한 올 없이, 이름도 없이,
기억할 힘도 없이
두 눈은 텅 비고 한겨울 개구리처럼
자궁이 차디찬 이가.
이런 일이 있었음을 생각하라.
당신에게 이 말을 전하니 가슴에 새겨 두라.
집에 있을 때나, 길을 걸을 때나
잠자리에 들 때나, 깨어날 때나.
당신의 아이들에게 거듭 들려주라.
그러지 않으면 당신 집이 무너져 내리고
온갖 병이 당신을 괴롭히며
당신의 아이들이 당신을 외면하리라.

　　　─『이것이 인간인가』 서시

프리모 레비는 자신의 수용소 경험을 글로 옮겼다.

2차 대전 중에 600만 명에 이르는 유대인을 조직적이고 체계적으로 학살한 홀로코스트(원래 신에게 희생물을 태워서 바치는 번제(燔祭)를 뜻했으나, 2차 대전 중 나치에 의한 유대인 학살을 가리키는 용어로 사용된다)는 인간의 잔인한 광기가 어디까지 이를 수 있는가 하는 질문을 던지게 한다.

역사는 이 엄청난 사건을 어떻게 기록할 것인가? 그것은 세토(유대인 거주 구역), 강제 이주, 강제 수용소의 경험을 어떻게 '기억'할 것인가, 또는 그 기억을 어떻게 '표출'할 것인가 하는 문제와 연결된다. 홀로코스트에 대해 가장 직접적인 증언을 할 수 있는 사람은 강제 수용소에서 살아 돌아온 사람들일 것이다. 이들의 증언은 지상에 펼쳐졌던 지옥의 실상을 우리에게 확인시켜 주기에 충분하다. 프리모 레비(1919~1987)의 『이것이 인간인가』는 강제 수용소 증언 문학 중 가장 중요한 작품의 하나로 꼽힌다. 이 책을 보면 수용소의 삶이 현재 이곳에서 살아가는 우리들로서는 상상하기도 힘든 차원의 일이었음을 뼈저리게 실감케 된다.

수용소 생활에서 신발이 대수롭지 않은 요소라고 생각해서는 안 된다. 죽음은 신발에서 시작된다. 신발이 우리 대부분에게 진정한 고문 도구라는 게 드러났다. 그것을 신고 몇 시간 행군을 하고 나면 발이 끔찍하게 짓무르고 치명적인 병에 감염된다. 그렇게 되면 다리에 쇠사슬을 매단 죄인처럼 걸을 수밖에 없다(매일 밤

열을 지어 수용소로 돌아오는 유령 분대원들의 그 희한한 걸음걸이의 이유가 바로 이것이었다). 발이 감염된 사람은 어디든 제일 늦게 도착하게 되고, 그러면 사정없이 얻어맞았다. 누군가 뒤쫓아온다 해도 달아날 수도 없다. 발이 부어오른다. 더 많이 부을수록 신발의 나무나 헝겊과의 마찰을 더 견딜 수 없게 된다. 그렇게 되면 병원밖에 없다. 하지만 '부은 발' 진단서를 가지고 병원에 들어간다는 것은 매우 위험한 일이다. 이 병이 여기에서는 치료될 수 없다는 사실이 모두에게, 특히 SS에게 너무나 잘 알려져 있기 때문이다.

잠자는 사람들의 숨소리와 코고는 소리가 들린다. 신음을 하거나 잠꼬대를 하는 사람도 있다. 많은 사람들이 입술을 핥으며 턱을 움직인다. 음식을 먹는 꿈을 꾸는 것이다. 이 역시 집단적인 꿈이다. 가혹한 꿈이다. 탄탈로스의 신화를 만든 사람은 틀림없이 알 것이다. 음식이 눈에 보일 뿐만 아니라 확실히 구체적으로 손에 느껴진다. 풍요롭고 강렬한 음식 냄새도 맡을 수 있다. 어떤 사람은 음식을 입술에 닿을 정도로 가까이 가져간다. 그러나 매번 다른 어떤 상황이 끼어들어 그 행위의 완성을 방해한다. 그러면 꿈은 흩어져 그 꿈을 이루던 기본적인 요소들로 나뉜다. 잠시 후 그것들이 다시 모여 비슷하면서도 어딘가 달라진 꿈이 다시 시작된다. 우리 모두에게, 매일 밤, 잠을 자는 내내 쉼 없이 이런 일이 일어난다.

수용소에서는 삶 바로 옆에 늘 죽음이 따라다닌다. 그곳은 사람들이 고통을 같이 나누고 다 함께 성스러운 죽음을 준비하는 공동체가 아니었다. 사람들은 단 한순간이라도 생명을 연장하기 위해 치열하게 투쟁했고, "모두 절망적이고 잔인할 정도로 혼자였다." 남이 죽어야 내가 살기 때문이다.

폴란드 비르케나우에 있는 아우슈비츠 수용소의 내부.

병동에서 '선발'이 있었다. 선발될 확률은 전 수용소 인원의 17퍼센트이고 환자 중에서는 30~50퍼센트다. 비르케나우 화장터 굴뚝에서는 열흘 전부터 연기가 나고 있다. 포즈난 게토에서 수송되어 올 엄청난 수의 유대인들의 자리를 마련해야 하는 게 틀림없다. (……) 10월의 차가운 공기 속에 알몸으로 나온 우리들은 두 개의 문 사이를 몇 걸음에 달려 나가서 SS 대원에게 카드를 넘기고 다시 숙소의 문으로 들어가야 한다. SS 대원은 두 행동이 이루어지는 겨우 몇 초 사이에 우리의 얼굴과 등을 한눈에 보고 우리들 각자의 운명을 결정한다. 그렇게 하여 자기가 받은 카드를 오른쪽 남자에게, 또는 왼쪽 남자에게 건네준다. 이게 우리들 각자의 죽음과 삶을 가르는 것이다. 3~4분 사이에 200명이 수용된 한 막사의 선발이 완료되고 오후에 1만 2000명이 수용된 전 수용소의 선발이 끝난다.

우리는 숙소로 돌아가 옷을 입는다. 아직은 아무도 자신의 운명을 확실히 알지 못한다. 모두들 가장 나이 많은 사람들, 가장 여윈 사람들, '무슬림'들(곧 화장장으로 끌려갈 것으로 보이는 사람들을 가리키는 은어) 옆으로 모여든다. 그들의 카드가 왼쪽으로 갔다면 왼쪽이 선발되는 게 틀림없다.

침묵이 서서히 주변을 압도한다. 그때 나는 3층에 있는 내 침대에서 쿤 노인이 머리에 모자를 쓰고 상체를 거칠게 흔들며 큰 소리로 기도하는 모습을 본다. 그 소리를 듣는다. 쿤은 자신이 선발되지 않은 것을 신께 감사하고 있다. 쿤은 생각이 없는 사람이다. 그는 옆 침대의 그리스인, 스무 살 먹은 베포가 내일모레 가스실로 가게 되었다는 걸 모른단 말인가? 베포 자신이 그것을 알고 아무 말 없이 침대에 누워 아무 생각도 하지 않은 채 작은 전등만 뚫어지게 바라보고 있는 게 보이지 않는단 말인가? 그 어떤 위로의 기도로도, 그 어떤 용서로도, 죄인들의 그 어떤 속죄로도, 간단히 말해 인간의 능력 안에 있는 그 무엇으로도 절대 씻을 수 없는 혐오스러운 일이 오늘 벌어졌다는 것을 쿤은 모른단 말인가?

내가 신이라면 쿤의 기도를 땅에 내동댕이쳤을 것이다.

프리모 레비는 "해방되기 위해 글을 쓴다."고 했다. 그의 증언은 독일인이나 폴란드인에 대한 그악스러운 증오의 감정을 그대로 표출하는 대신 내적인 성찰의 울림을 보여 준다. 그의 증언에서 고결한 품격이 느껴지는 것은 그 때문이다.

그러나 그는 끝내 고통의 기억에서 해방되지 못했던 것 같다. 1987년에 레비는 자살로 생을 마감했다. 엘리 위젤의 말대로 그는

아우슈비츠의 가스실.

"40년 전에 아우슈비츠에서 이미 죽은 것"인지도 모른다.

홀로코스트는 언제나 큰 논란거리이다. 과연 이 사건을 누가, 어떻게 증언할 수 있는가? 프리모 레비가 이야기하듯 생존자는 이미 거짓 증인이다. 학살의 경험을 있는 그대로 전할 수 있는 사람은 가스실에서 죽은 사람일 수밖에 없기 때문이다. 일부 논자들은 유대인 학살은 세계사의 다른 어느 사건과도 비교할 수 없는 유일무이한 사건으로서 살아 있는 그 누구도 이해할 수 없는 일이라고 못박는다. 이 관점에 따르면 살아남은 사람들은 오직 자기가 겪은 일들만 이야기할 뿐이고, 결코 대학살의 실체를 말할 수는 없다. 그들의 증언은 다만 엄청난 사건이 일어났다는 사실을 알려 줄 뿐이다. 다시 말해서, 우리는 홀로코스트에 대해 알 수 없다는 점을 알 수 있을 뿐이다.

이 시각에서 보면 홀로코스트의 미학화는 이 사건 자체에 대한 모독이다. 언뜻 이런 견해에 동의할 수 있는 측면도 있다. 예컨대 유대인 학살을 다룬 영화들은 진정한 역사적 이해가 원래 목적이 아니며, 따라서 대개 주인공이 겪는 가혹한 삶을 극적으로 그림으로써 관객들의 마음을 움직이려 할 뿐이다. 이럴 때 역사 사건은 두 시간 남짓한 작품의 무대 배경으로 동원되었을 뿐이다. 역사가 멜로드라마처럼 되는 것이다.

그러나 홀로코스트를 절대화하여 이에 대한 모든 서술을 금기시

한다면 그것은 과연 타당한가? 사실 역사적으로 유대인만이 대학살을 당했던 것은 분명 아니다. 고대로부터 현대에 이르기까지 규모의 면에서나 비극성의 측면에서나 비슷한 사례들을 많이 찾을 수 있다. 스탈린 시대의 수용소, 터키의 아르메니아인 학살, 캄보디아 크메르 루즈의 학살, 오늘날 발칸 반도와 르완다에서 자행된 인종 청소 등이 그런 실례이다. 그 사건들은 모두 다 유일무이한 비극이며 당사자 말고는 그 처참한 실상을 끝내 알 수 없다. 그럼에도 유대인 학살에 대해서만 "이 엄청난 고난, 절대 공포는 도저히 이해할 수 없고 그것을 나타내려는 순간 왜곡에 빠지게 된다."고 주장하는 것은 오직 유대인의 고난만을 절대화하는 신학적 주장에 지나지 않는다. 거기에서만 '신의 뜻'을 찾는 것이 과연 옳은 일일까?

이런 문제점들을 놓고 볼 때, 만화라는 장르를 통해 홀로코스트 문제에 접근한 『쥐』는 주목할 만한 사례이다.

이 작품은 가장 가벼운 매체라는 인상을 주는 만화를 가지고 보수적인 역사학, 더구나 그 가운데에서도 가장 무거운 주제에 속하는 홀로코스트라는 주제를 성공적으로 그려 냄으로써 만화도 훌륭한 역사 저술이 될 수 있음을 증명하였다. 그러나 사실 만화가 가볍다는 것은 그동안의 관행이 그렇다는 것일 뿐이지 만화가 반드시 코믹한 내용만 다루어야 한다는 것은 아니다. 우리나라에도 이미 노동자들의 이해를 돕기 위한 정치경제학 만화들도 나와 있고, 정신대

만화로 유대인 문제를 그린 『쥐』의 표지.

할머니 문제와 같은 진지한 주제를 다룬 작품도 출판되어 있다.

『쥐』는 사람을 동물로 표현한다. 유대인을 쥐로 나타낸 것은 경멸적인 상징을 스스로 패러디해서 숨어 살아야 하는 피해자임을 강조하기 위한 장치이다. 독일인을 쥐의 천적인 고양이로, 미국인을 고양이의 원수 격인 개로 그린 것도 흥미롭다. 폴란드인은 돼지로 묘사했는데, 돼지는 쥐와 함께 살지만 다만 그들은 숨어 살지 않으며 또 쥐가 그들에게 해를 입힌다고 생각한다는 점에서 유대인 학살의 방관자였다는 점을 표현한다. 이렇게 해서 대단히 효과적으로 집단 정체성이 부여되었다. 예컨대 유대인이 폴란드인으로 변장하는 것은 쥐가 돼지 가면을 쓰는 것으로 나타낼 수 있다. 그런데 주인공의 아내인 아냐는 돼지 가면을 쓰고 있지만 쥐 꼬리가 뒤로 길게 늘어져 변장에 능하지 않다는 것을 드러내는데, 이런 장치야말로 만화적 표현이 기가 막히게 잘 발휘된 예이다.

그러나 집단적인 정체성을 그리는 것만으로 이야기를 이끌어 나갈 수는 없다. 이 작품은 블라덱이라는 주인공의 고난과 생존을 큰 줄거리로 삼고 있다. 곧, 한 개인의 체험을 통해 역사 사건을 설명하고 해석하는 것이다. 그래서 쥐, 돼지라 하더라도 모두 같은 존재가 아니라 개성을 드러내야 한다. 이렇게 '개별성'이 부여됨으로써 유대인이라고 다 선량한 피해자가 아니고 폴란

폴란드인으로의 변장이 쉽지 않음을 쥐꼬리로 표현했다.

드인이라고 다 나치 협력자는 아니라는 점이 자연스럽게 표출된다. 우선 이 점이 이 작품의 중요한 공헌 중 하나라 할 수 있다. 유대인, 폴란드인, 독일인에 대해 일률적으로 전형성을 부여해서 이해하는 것이 아니라, 역사란 개별적인 인간의 경험들이 뒤섞여 모인 복잡다기한 현상임을 밝힌 것이다. 예컨대 바우멜만의 이야기를 통해 수용소 안에서 일어나는 일상이 리얼하게 나타나기도 하고(246쪽 그림 참조), 폴란드인들이 나치의 지배를 받기 전에 이미 그들 스스로 반유대주의를 가지고 있었다는 점도 드러난다.

이 작품에서 가장 두드러진 특징은 단선적으로 수용소 이야기만 그리는 것이 아니라 아버지(이야기의 원천 제공자)와 아들(이 만화를 그리는 사람)의 관계에 대해서 많은 설명을 하고 있다는 점이다. 즉, 작가가 일방적으로 이야기를 하는 것이 아니라 이야기하는 사람에 대해 반성적으로 살펴보고 있다. 그러므로 이 작품은 오로지 또 하나의 홀로코스트 경험담을 제공하는 게 아니라, 홀로코스트의 기억이 우리에게 도대체 어떤 의미를 지닌 것인지 묻고 있다.

『쥐』는 애초에 객관적인 역사를 지향한 게 아니라 지극히 주관적인 면을 밝힘으로써 오히려 객관성 이상의 것을 획득하였다. 즉 아버지가 이야기하는 홀로코스트의 이야기가 있고, 그에 대해 과연 그것이 어떤 의미인가, 그것이 어떤 과정을 통해 이야기되고 그것이 어떻게 만들어지는가를 검토하는 아들이 있다. 그런데 이 부자간의 관계는 애증이 교차하는 복잡한 관계이다.

아버지는 고통스러운 기억을 안고 산다(나중에 밝혀지는 바로는 그만이 살아남았다는 죄의식과 연결된다). 여기에서 핵심은 죽은 아들 리슈에

블라덱은 수용소 감독인 카포의 영어 교사가 되어 만델바움에게 벨트와 신발을 구해 줄 수 있었다. 그러나 결국 만델바움은 독일군에게 '선발'되어 사라진다.

대한 아버지의 감정이다. 이는 전쟁이 끝난 후에 새로 얻은 아들인 작가에게는 유년 시절부터 이해할 수 없는, 그리고 대단히 고통스러운 '옮아맴'의 원인이 된다. 이렇게 볼 때 홀로코스트는 다만 지나간 시대의 기억이 아니라 살아남은 자들과 후대에까지 영향을 미

작가 아트 슈피겔만은 홀로코스트의 기억이 뒷세대에게 어떤 의미인가를 설득력있게 그려냈다.

치는 살아 있는 기억이다. 적어도 아들에게는 그것이 자기 존재를 어둡게 물들이는 간접적인 기억들이다. 따라서 그에게 아버지의 기억을 확인하고 그것을 만화로 표현하는 것은 자기 존재의 근원을 밝히는, 그리고 궁극적으로 그것을 극복하는 방식이다.

여기에 어머니의 문제도 얽혀든다. 자살한 어머니는 아버지와는 또 다른 방식으로 그를 고통스러운 존재의 문제로 끌어들이고 있다. 어머니의 자살은 어떤 의미를 가지는 것일까? 아버지는 기억의 요소이고, 어머니는 망각의 요소이다. 아버지는 그가 안고 있는 존재의 근원을 자신의 방식대로 기억하고 그것을 아들에게 전하면서 이상한 종류의 보상 의식을 가진다. 아버지는 감당하기 힘들 정도로 물건을 아끼고, "세상을 믿지 마라, 인간은 더러운 존재이다." 하는 식의 메시지를 아들에게 계속 전달하지만 사실 이런 것들은 아들에게 황량함만을 안겨 준다. 이에 비해 어머니는 과거의 고통스러운 기억을 완전히 잊게 만듦으로써 아들을 보호하려고 한다.

아버지에 대한 앎이 비록 내 존재의 근원을 흔드는 고통스러운 일일지라도 그것을 기어이 캐내려는 나, 그런 고통스러운 기억을 차라

블라덱은 참혹한 홀로코스트에서 살아남았지만 자신의 인종차별주의에서 별 문제를 느끼지 못한다.

리 잊도록 하고 거기에 맞서지 못할 때 자살로 삶을 끝낸 어머니, 즉 '증오의 아버지'의 존재와 '사랑의 어머니'의 부재, 이것은 분명 오이디푸스의 주제이다. 아버지의 이야기는 그 자체가 신화화되어 있다. 그것은 대단히 황폐한 성격의 신화여서, 그 자신과 아들 세대가 건강한 삶을 사는 것을 방해한다. 홀로코스트에서 살아남은 것이 오히려 그에게 인종 차별주의와 같은 왜곡된 가치와 연결되지 않는가(248쪽 그림 참조).

슈피겔만(1948~)의 작품은 이런 신화화를 깨는 작업이다. 아버지의 이야기에 대해 그것이 신화라는 사실을 밝혀내고 그 심층에 감추어져 있는 것을 밖으로 끄집어냄으로써 작가는 '진실'을 제자리에 놓고자 한다. 그것이 결과적으로는 아버지에 대한 공격으로 이어진 것에 대해 스스로 괴로워하면서도 말이다. 그의 아버지는 여전히 죽은 아내 아냐와 죽은 아들 리슈의 세계 속에서 살고 있다. 단지 이런 사실들을 이해하는 것만으로도 우리는 아버지의 세대와 화해를 시도할 수 있으리라.

기억은 끊임없이 다시 창조된다. 기억을 망각해서도 안 되며, 기억을 독점해서도 안 된다. 기억은 우리 존재의 핵심 구성 요소이기 때문이다. 현대 사회가 껴안고 있는 가장 고통스러운 문제 중 하나인 홀로코스트는 우리에게 끊임없이 이런 문제를 환기시킨다.

핵전쟁 시대의
어두운 심연

윌리엄 골딩의 『파리대왕』

냉전 시대에 핵전쟁 발발 직전까지 갔던 가장 긴박했던 순간은 1962년의 쿠바 미사일 위기였다. 1959년 미국의 코앞에 위치한 섬 쿠바에서 혁명이 일어나 성립된 피델 카스트로 정권은 미국으로서는 눈엣가시 같은 존재였다. 미국은 카스트로 정권을 전복시키기 위해 CIA가 주동이 되어 쿠바 출신 망명자들을 훈련시켜 피그스 만에 침투시켰으나 이 작전은 실패로 끝났다(1961). 미국의 침공을 두려워한 카스트로는 소련과 협의하여 비밀리에 소련제 핵미사일을 들여와서 배치해 놓았다. 첩보 사진을 통해 이를 확인한 케네디 대통령은 안보 팀을 소집하여 해결 방안을 논의했다. 르메이 장군과 같은 초강경파는 쿠바 공습을 주장하였으나 결국은 국방장관 로버트 맥나마라 등의 의견에 따라 쿠바 봉쇄로 방향을 잡았다. 당시 케네디 대통령은 만일 쿠바에 배치된 핵미사일이 서방의 어느 나라에 발사되더라도 미국에 대한 공격으로 간주할 것이며 곧 소련에 대규모 보복 공격을 할 것이라고 선언했다. 얼마 후 터키에 배치된 미국 미사일과 쿠바에 배치된 소련 미사일을 동시에 철수함으로써 위기는 지나갔지만, 이 사건은 2차 대전 이후 핵전쟁에 가장 가까이 갔던 순간으로 기억된다.

그로부터 30년이 지난 1992년, 맥나마라는 아바나를 방문하여 카스트로를 만났다. 이때 그는 쿠바 미사일 위기가 지금까지 사람들이 생각했던 것보다 훨씬 더 심각한 사건이었음을 깨달았다. 당시 쿠바에 배치되었던 핵미사일이 자그마치 162기나 되었다는 사실도 이때 처음 알고는 경악을 금치 못했다. 그는 카스트로에게 이런 질문을 던졌다. 당신은 그 위기 때 핵미사일 발사를 고려했는가? 만일 실제로

러시아의 핵미사일. 냉전 시대는 사실 핵무기 개발에 열을 올린 열전의 시대였다.

발사했다면 쿠바는 어떻게 되었으리라고 생각하는가?

카스트로의 대답은 심장을 멎게 할 정도로 충격적이다. "고려했던 게 아니고, 나는 그때 이미 흐루시초프에게 핵미사일을 발사하자고 요청했소. 실제 발사했다면 쿠바는 어떻게 되었겠냐고? 미국의 보복으로 쿠바는 세상에서 완전히 없어졌겠지." 물론 뉴욕, 워싱턴, 보스턴 등 주요 도시들마다 히로시마에 떨어졌던 원자탄보다 파괴력이 훨씬 더 큰 핵폭탄이 떨어져서 미국 동부는 쑥대밭이 되었을 테고, 세상은 지금과는 완전히 달라져 있을 것이다. 그 시기는 냉전의 시대가 아니라 열전(熱戰)의 시대였고, 한마디로 미친 시대였다.

1983년 노벨 문학상을 받은 윌리엄 골딩(1911~1993)의 대표작 『파리대왕』(1954)은 핵전쟁으로 인류가 멸망할지 모른다는 공포와 불안의 시대를 그린 우화적인 작품이다. 세계 어디에선가 핵폭탄이 터진 상황에서 영국 소년들을 태운 비행기가 적의 공격을 받아 태평양 상의 무인도에 불시착한다. 이 소설은 어른들은 모두 죽고 다섯 살부터 열두 살까지의 소년들만 살아남아 무인도에서 생존해야 하는 상황을 설정해 놓았다. 말하자면 누구나 한두 번씩은 읽어 본 낯익은 '무인도 이야기'에 속한다. 이런 류의 작품 중 가장 유명한 것은 물론 다니엘 디포의 『로빈슨 크루소』(1719)이며, 그래서 이 장르를 따로 '로빈스네이드' (Robinsonade)라고 부르기도 한다. 잘 알려진 대로 로빈슨 크루소는 대서양 상의 무인도에서 홀로 살면서 그가 가지고 왔거나 기억해 내는 유럽 문명의

『파리대왕』의 작가 윌리엄 골딩.

요소들을 이용해 자연과 투쟁을 벌인다. 그러는 동안 절해고도에 서구 문명을 차례로 재구성하고, 그렇게 고난과 역경을 이겨 내는 과정에서 신의 뜻을 받아들이며, 더 나아가서 미지의 타자(식인종으로 그려진 흑인)를 무찌르고 정복함으로써 이 섬을 온전히 자기 요새로 만든다. 곧, 『로빈슨 크루소』는 먼 외지에 유럽의 대표선수 격인 인물을 던져 넣어서 유럽의 정체성을 확인하는 사고 실험을 하고, 그 결론으로 유럽의 식민주의를 정당화하는 작품이라고 할 수 있다. 윌리엄 골딩은 그 비슷한 환경에 어른이 아니라 순진해 보이는 영국 소년들을 대신 집어넣어서 실험을 해 본 것이다. 이제 무슨 일이 벌어질까?

섬에서 소년들이 노는 광경을 보자.

로버트가 랠프에게 맷돼지인 양 으르렁거렸다. 랠프도 장난을 받아 로버트를 찌르는 시늉을 해서 웃었다. 곧 그들은 덤벼드는 시늉을 하는 로버트를 마구 찌르는 체하였다.

잭이 소리쳤다. "에워싸!"

둘러선 몰이꾼들이 원을 좁혔다. 모두들 그의 팔과 다리를 잡았

다. 갑작스럽게 열띤 흥분에 사로잡힌 랠프는 에릭의 창을 잡고 그것으로 로버트를 찔렀다.
"이놈을 죽여!"
갑자기 로버트는 미친 듯 비명을 지르며 안간힘을 썼다. 잭은 그의 머리채를 쥐고 창칼을 휘두르고 있었다. 그의 뒤로는 로저가 달려들려고 기를 쓰고 있었다.
"돼지를 죽여라! 목을 따라! 돼지를 죽여라! 때려잡아라!"
랠프도 가까이 다가서려고 승강이를 하고 있었디. 갈색의 연약한 살점을 한 줌 손에 쥐고 싶었다. 상대를 눌러 해치고 싶은 욕망이 간절하였다.

우리의 내면에는 남들과 조화를 이루며 평화롭게 살아가고자 하는 심성보다는 싸우고 빼앗고 지배하려는 충동이 더 강한 것일까? 얼핏 보면 어린아이들이 순진하고 착하기만 한 것 같지만, 아이들이 노는 것을 유심히 관찰해 보면 인간의 본성이 결코 평화적이지는 않다는 점을 느끼게 된다. 장난감을 서로 갖겠다고 싸우는 아이들을 보라. 어른들 눈에는 그게 대수롭지 않은 다툼으로 보일지 모르지만 그들 간에는 격렬한 투쟁이 벌어지고 있는 것이다. 섬에 남겨진 아이들의 행태 역시 그런 방향으로 기울어 간다.

처음에 이들은 랠프라는 소년을 지도자로 삼아 제법 질서 잡힌 조직을 만들어 간다. 회의에서는 소라껍데기를 가진 사람에게 발언권이 있다는 규칙도 만들어지고, 피기(Piggy. 돼지)라는 소년의 안경을 이용해 불을 피워 산꼭대기에 구조대를 요청하는 봉화도 올린다. 그러나 이런 조화로운 상태는 얼마 지나지 않아 깨지고 분열과 갈등이 시작된다. 잭이라는 소년이 사냥꾼의 성격을 띤 분파를 만들어 떨어져 나와서 랠프 무리와 싸움을 벌이게 된다.

사태를 극적으로 전환시킨 중요한 요소는 '짐승'에 대한 믿음이다. 우연히 산 정상에서 낙하산병의 시

짐승에 대한 믿음은 권력에 이용된다. 영화 〈파리대왕〉의 한 장면, 1990년

체를 본 꼬마들이 짐승을 보았다고 이야기하는 바람에 두려움의 대상인 짐승에 대한 믿음이 퍼지게 되는데, 잭은 이 근거 없는 루머를 이용해서 오히려 자신의 위세를 더 강화하려 한다. 사냥해서 잡은 멧돼지 대가리를 막대에 꽂아 짐승에게 제물로 바치는 행위를 함으로써 신비로운 힘을 자기 것으로 삼으려 한 것이다. 짐승은 실제로 존재하지 않으며 사실은 사람 시체를 잘못 보아서 생긴 헛된 망상이라는 사실을 알아챈 사이먼이라는 소년은 살해당해 바다에 버려진다.

이제 잭 일당은 문명을 벗어던지고 점차 야만인으로 타락한다. 얼굴에 색칠을 하고 춤추는 그들은 피 흘리는 사냥에서 쾌락을 느끼고, 그들과 적대하는 반대편 소년들을 거침없이 고문하며, 더 나아가서 바위를 굴려 친구를 살해하기도 한다.

> 잭은 물속을 들여다보았다. 거기 보이는 것은 이미 자기의 모습이 아니었고 무시무시한 남이었다. 그는 물을 내버리고 신명 나게 웃으며 일어섰다. 못가에서 그의 육체가 하나의 마스크를 쓰

고 있는 모습에는 남의 이목을 끌고 그들을 위압하는 서슬이 있었다. 그는 덩실덩실 춤을 추기 시작했고 그의 웃음소리는 피에 주린 으르렁 소리로 변했다. 그는 빌 쪽으로 깡충깡충 뛰어갔다. 마스크는 이제 하나의 독립된 물체였다. 그 배후로 수치감과 자의식에서 해방된 잭이 숨어 버린 것이었다.

마지막으로 혼자 남은 반대파 랠프를 죽이기 위해 야만인 소년들은 숲 전체에 불을 지르고 괴성을 지르며 그를 쫓아간다. 쫓고 쫓기는 인간 사냥 끝에 바닷가에 이르렀을 때, 그들은 섬 전체에 불이 붙은 것을 보고 찾아온 영국 순양함의 장교와 마주친다. 소년들의 야만적인 모습을 직접 눈으로 본 장교는 이렇게 말한다: "영국 소년들이라면 그보다는 더 좋은 광경을 보여 줄 수 있었을 텐데."

이 작품의 마지막 장면에 가서야 처음 나타나는 어른인 영국 장교는 그처럼 의젓하게 말하지만 사실 그들이라고 소년들과 다를 바 없다. 그가 타고 온 순양함 또한 인간 사냥에 동원되는 악마의 도구가 아니던가. 세계 어딘가에 핵폭탄을 터뜨린 어른들의 행위와 무인도에서 벌어진 소년들의 행위는 근본적으로 다를 바 없다. 작가 자신이 설명하듯 "사회 결함의 근원은 인간 본성의 결함에서 찾을 수 있다." 문제는 우리 안에 있는 것이다. 인간 본성의 불완전성 또는 사악함

무인도의 소년들은 점점 야만인으로 타락한다.

의 표현이 바로 소설 제목인 '파리대왕'(Lord of the Flies)이다. 이 말은 히브리어의 '베엘제버브'를 번역한 것으로서, 원래 '곤충의 왕', 곧 사탄을 뜻한다. 섬에서 소년들이 느끼는 공포가 실재하는 게 아니라 사실은 우리 내면에 존재하는 것임을 먼저 깨닫고 이 사실을 알리기 위해 잭 일당을 찾아갔다가 살해당하는 예언자적 인물 사이먼은 제물로 바쳐진 돼지 대가리를 보며 몽환적인 상태에서 '파리대왕'과 직면한다.

"넌 그것을 알고 있었지? 내가 너희들의 일부라는 것을. 왜 모든 것이 틀려먹었는가, 왜 모든 것이 지금처럼 돼 버렸는가 하면 모두 내 탓인 거야."
파리대왕의 말을 들으며 사이먼은 자신이 거대한 아가리를 들여다보고 있음을 알았다. 그 속은 새까맸다. 점점 퍼져 가는 암흑이었다. 사이먼은 그 아가리 속으로 삼켜져 들어갔다.

파리대왕에게 사로잡혀 있는 인간 본성은 어둠의 심연이다. 순진한 어린아이들을 풀어 놓아 그들끼리 살게 만든 실험이 불타는 지옥으로 끝난 것도 그 때문이다. 에덴동산의 알레고리인 무인도는 결국 불바다가 된다. 날카로운 고함 소리를 지르며 쫓아오는 잭 일당에게 쫓겨 마침내 바닷가 모래밭에 쓰러져 뒹굴던 랠프가 갑자기 해군 장교와 맞닥뜨린 순간, 이 모든 게임은 급작스럽게 종결된다. 랠프는 몸부림치며 목메어 운다. 슬픔에 감염되어 다른 소년들도 몸을 떨며 흐느낀다. "추저분한 몸뚱이와 헝클어진 머리에 코를 흘리며 랠프는 잃어버린 천진성과 인간 본성의 어둠과 돼지라고 하는 진실하고 지혜롭던 친구의 죽음이 슬퍼서 마구 울었다." 그들은 인간의 내면에 무엇이 도사리고 있는지 '보아 버린' 것이리라.

윌리엄 골딩은 인간이 쌓아 올린 문명의 힘은 허약하기 짝이 없으며, 인간은 언제든지 문명의 껍데기를 벗어던지고 기꺼이 야만으로 돌아가서 서로 목숨을 노리는 사냥꾼이 된다고 보고 있다. 이러한 소설 속의 사고 실험 결과는 실제 현실과 맞아떨어지는 것 같다. 인간 본성의 불완전성과 핵무기가 결합할 때 인류는 걷잡을 수 없는 재앙에 빠질 것이다. 앞서 언급한 로버트 맥나마라는 미국 정부가 대기권에서 100메가톤급의 핵 실험을 한 적이 있다고 증언한다. 또 자신의 재임 기간 중에 핵전쟁 발발 직전까지 간 것이 적어도 세 차례 있었다고 증언하면서 이렇게 단언한다. "핵전쟁을 피할 수 있었던 것은 전적으로 운 때문이었다."

닥터 스트레인지러브*

1930년대에 물리학자들은 핵연쇄반응을 통해 엄청난 에너지가 방출되는 과정을 발견했다. 이로써 가공할 파괴력을 가진 무기 개발의 원리가 정립되었는데, 많은 과학자들은 이런 가공할 무기가 나치 독일에 의해 먼저 개발될 것을 우려했다.

알베르트 아인슈타인이 프랭클린 D. 루스벨트 대통령에게 이 사실을 보고하자 루스벨트 대통령은 '우라늄자문위원회'를 발족시켜서 핵무기 개발 연구를 진행하게 했다. 특히 1941년에 미국이 제2차 세계대전에 참가한 이후 모든 방법을 동원하여 핵무기를 개발한다는 결정이 내려졌다. 그러나 1944년까지 '맨해튼 계획'(핵무기 개발 계획)은 거액의 연구비를 사용하면서도 최종적인 결과를 내놓지 못하고 있었다.

이렇게 핵무기 개발이 지연되자 유럽 전선에 투입될 예정이었던 핵무기가 일본으로 그 목표를 이동하게 되었다. 1945년 8월 6일 오전 8시 15분(현지 시각) 에놀라 게이라고 명명된 B-29 폭격기가 일본 히로시마에 원자폭탄 '리틀 보이'를 투하해서 시의 3분의 2가 파괴되고 14만 명이 죽었다. 두 번째 원자폭탄은 고쿠라에 투하될 예정이었으나 악천후로 정확한 투하 지점을 발견하지 못하자 예비 공격 목표인 나가사키에 투하되었다.

맨해튼 계획의 두 책임자, 레슬리 그로브스 장군과 과학자 오펜하이머.

2차 대전 종전 이후 한동안 미국만이 유일한 핵무기 보유국이었으나, 1949년 가을에 소련이 핵 실험에 성공함으로써 미국의 핵 독점이 깨져 버렸다. 이제 미국과 소련은 서로 상대방보다 더 강력한 무기 제작에 몰두한다. 1950년 1월에 트루먼 대통령은 원자에너지위원회에 수소폭탄 개발을 명령했고, 1952년 말에 히로시마에 투하된 원자폭탄보다 700배 위력을 가진 수소폭탄 제조에 성공했다. 그러나 1953년 8월 8일에 소련도 수소폭탄을 가지고 있다고 선언했다. 더구나 1957년에는 소련이 인공위성 스푸트닉호 발사에 성공함으로써 미국민들의 불안감이 더욱 증폭되었다. 소련의 과학 기술 수준이 미국보다 더 앞서 나가는 듯이 보였고, 그 결과 미국보다 더 강력한 무기를 소유하게 될지도 모른다는 공포심을 안겨 준 것이다. 핵 문제는 이 시대에 초미의 관심사가 되었다.

그런데 초기에 미국의 미디어들은 핵전쟁에 대해 왜곡된 견해를 주입하였다. 핵폭탄이 터진다고 해도 100명 중 97명은 살아남으며 따라서 핵전쟁은 그런대로 해 볼 만하다는 주장을 편 것이다. 이런 분위기는 1960년대 초반에 들어와서 급격히 바뀌었다. 1961년에 나온 보고서는 3000메가톤급의 핵폭탄 공격을 받을 경우 미국민의 80퍼센트가 사망한다고 추산하였다. 이 때문에 급격하게 위기감이 팽배해졌다. 그에 따라 인간의 본성 또는 서구 사회의 기본 성격 등에 대해 근본적인 의문이 제기되기 시작했다.

현대의 과학 기술은 엄청난 속도로 발전해서 인간은 유사 이래 처음으로 인류 스스로를 멸망시킬 정도의 힘을 소유하게 되었다. 그러나 인간의 정치 도덕적 능력이 과연 그런 절대 권력을 충분히 통제할 수 있으리라는 보장이 없다. 인간은 정말로 과학 기술 발전을 잘 이용할 수 있는 지혜를 가졌는가?** 인간은 힘에 대한 욕망을 가지고 있고, 그 과정에서 다른 사람의 생명에 대해 냉담한 무관심을 보이곤 한다. 이 모순이 해결되지 않은 상태에서 핵 경쟁은 가공할 수준으로 치닫고 있다. 이 문제는 인류의 생존을 위협할 정도로 심각한 문제이다.

이처럼 인류가 직면한 핵 경쟁의 위험을 다룬 고전 영화로 스탠리 큐브릭 감독의 〈닥터 스트레인지러브〉가 있다. 핵 문제에 대해서 감독은 처음에 대단히 진지한 접근을 시도하였으나, 곧 이 문제는 차라리 블랙 코미디가 적합하다고 생각을 바꾸게 된다. 이 시대가 미친 것이다! 우리 모두의 생명이 달린 이 엄청난 문제 앞에서 인간의 대응이 너무나 어처구니없는 일뿐이기 때문이다. 공포를 피하기 위해 더 큰 공포를 조성한다는 것, 상대방보다 더 가공할 무기를 만들어서 위협하겠다는 것이 미국과 소련의 전략이었다. 큐브릭 감독은 이런 부조리한 상황은 웃음과 공포가 뒤섞인 방식으로 이야기를 풀어 나가는 수밖에 없다고 판단하였다. 영화의 줄거리는 다음과 같다.

소련은 자국 내에 핵폭탄이 떨어질 경우 자동적으로 작동할 '최후의 날 장치'(domesday device)를 개발했다. 그 목적은 이런 위협을 통해 미국의 핵 공격을 방지한다는 것이었다. 그런데 이를 공식 발표하기 전, 즉 이런 인류 멸망의 메커니즘의 존재가 알려지기 바로 전에 미군 내 편집증적 반공 성향의 장군이 소련에 핵 선제공격을 가한다. 미국 대통령이 이를 알고 소련 서기장과 협력하여 모든 미군 폭격기를 되돌리려고 시도한다. 그러나 폭격기 한 대가 통제를 벗어나서 결국 핵무기를 사용하게 되고 인류는 대파국을 맞는다. ※

핵무기 보유의 부조리한 논리를 코미디로 승화시킨 영화 〈닥터 스트레인지러브〉, 1963년.

* 주경철, '영화와 집단기억의 재구성: 큐브릭의 전쟁 영화를 중심으로', 『인문논총』 56집(2006.12) 참조.
** 1954년에 처음 출판된 『반지의 제왕』이 이와 유사한 문제의식을 가진 것으로 흔히 이야기된다. '절대반지'가 핵폭탄을 나타낸다는 하나의 해석이 이와 관계 있다.

문화 대혁명의 광기를 버텨 낸 순정

위화의 『허삼관 매혈기』

한참을 웃다가 결국 눈물을 글썽거리게 만드는 소설이 있다. 현대 중국의 대표 작가 중 한 명인 위화(1960~)의 『허삼관 매혈기』(許三觀賣血記)가 그런 경우이다. 이 소설은 문화 대혁명을 전후한 포악한 시대를 피 판 돈으로 힘겹게 헤쳐 나가는 한 사나이의 슬픈 인생 역정을 그리고 있다. 자칫 한없이 암울한 이야기로 빠질 법한 소재이지만, 저자는 걸쭉한 입담과 재치 있는 구성으로 이야기를 재미있게 이끌고 가서 전체적인 분위기는 오히려 밝고 명랑하기까지 하다. 저자는 도저히 이해가 안 될 정도로 비참하고 부조리한 세계를 오히려 우습게 그림으로써 역설적으로 그 사회의 내면을 더욱 예리하게 드러내 보인다. 그러나 저자는 이 사회에 대해 절망하고 마는 것이 아니라, 기본적으로 사람들에 대한 신뢰를 잃지 않고 있어서 이들이 결국 힘든 시대를 버티고 이겨 냈다는 점을 강조한다.

피를 팔아서 버는 돈은 각별한 의미를 지닐 수밖에 없다. 함께 피를 판 어느 젊은 친구가 말하듯이, 땅 파서 버는 돈은 겨우 굶어 죽지 않을 정도밖에 안 되므로 "여자를 얻고 집을 짓고 하는 돈은 전부 피를 팔아 버는" 수밖에 없다. 허삼관 역시 피 판 돈으로 허옥란에게 접근하여 결혼에 성공한다. 공짜인 줄 알고 만두, 만둣국, 사탕에 수박까지 잔뜩 먹고 난 허옥란은 돈을 물어 내느니 차라리 그와 결혼하는 길을 택하게 되고, 그 후 5년 동안 일락이, 이락이, 삼락이 세 아들을 낳는다. 그런데 허옥란이 결혼 전에 잠깐 사귀었던 하소용과 '딱 한 번' 있었던 일로 일락이가 생겼고 따라서 그들의 장남이 허삼관의 아들이 아니라 하소용의 아들이라는 것이 밝혀진다. 허삼관은 남의 아이를 공짜로 키워 주는 '자라 대가리'가 된 것이다(자라 대가리는 중국 말로 남자에게 할 수 있는 가장 큰 욕이라고 한다). 게다가 이 아들이 동네 아이와 싸우다가 돌멩이로 머리를 여러 번 찍어서 거액의 치료비까지 물어 줘야 하게 되고, 그 때문에 인부들이 들이닥쳐 집안의 가재도구를 몽땅 들어내는 사태까지 벌어진다. 이런 인생살이의 온갖 구질구질한 사건들 속에서 위기 때마다 자기 피를 뽑아 팔면서 한 가족을 이끌고 아슬아슬하게 시대의 격랑을 헤쳐 나가는 허삼관의 애틋한 모습이 어찌 우리의 심금을 울리지 않겠는가!

1958년, 마오쩌둥은 '사회주의 건설의 총노선'과 '대약진 운동'을 제창했다. 이것은 군중을 대규모 농촌인민공사(農村人民公社)로 조직화하여 중국이 직면한 공업과 농업의 문제를 한꺼번에 해결하겠다는 것이다. 이는 그때까지 참조했던 소련식 모델이 실패했음을 뜻한다. 소련식 모델은 농업 생산의 잉여로 얻은 자본을 사용하여 중기계를 확보함으로써 공업화를 이룬다는 것이다. 그런데 중국에는 워낙 인구가 많다 보니 농업 잉여가 생겨날 수가 없었다. 그러니 차라리 기계 중심의 공업화는 차후로 미루고 우선 이 많은 인력을 최대한으로 동원하는 방식을 강구한 것이다. 기계보다 인간의 노동력을 통해 농업과 공업을 동시에 발전시키기 위해서는 강력한 사상 지도로 인간의 작업 습관을 바꾸고 최대한의 생산을 얻어 내야 한다. 대표적인 사례가 모든 마을에 소형 용광로를 만들어서 대형 공장을 대체하려 한 시도이다. 이런 방식을 통해 타락해 가기 시작하는 소련보다 중국이 더 먼저 진정한 공산주의 사회 건설 단계에 들어가는 것이라고 대대적인 선전을 했다.

계획대로라면 철강 생산을 획기적으로 늘려서 조만간 영국을 앞지르고 농업 생산량도 100퍼센트 이상 늘어나게 되어 있었다. 지방에서 순 거짓으로 올린 보고서에는 모든 것이 초과 달성이지만, 실제로는 일반 민중들의 삶이 결딴나고 말았다. 철강 생산을 늘린다고 밥솥까지 모두 징발해서 동네에 설치한 소형 용광로에서 녹였지만 아무 쓸모 없는 쇳덩어리만 만들어 냈고, 심지어 농기구까지 모조리 집어 간 터라 농사짓기가 힘든 정도가 되었다. 여기

1958년 대약진 운동의 하나로 철강 증산 계획이 세워지자 마을마다 소형 용광로를 만들어야 했다. 냄비며 농기구까지 녹였고 땔감으로 쓰느라 나무가 베어져 산은 헐벗었다.

에 3년 연속 자연재해가 잇따라서 농업 생산량은 거의 반토막이 되었다. 이 3년 동안 중국에서 굶어 죽은 사람만 자그마치 4000만 명에 가까웠다! 지도층의 잘못된 계획은 이처럼 처참한 결과를 가져올 수 있다.

누에를 날라 주는 일을 하던 허삼관이 '생사 공장 제강공'이라는 이상한 직책을 맡게 된 이 시기, 식구들은 하루 두 번 옥수수 죽을 먹으며 겨우 연명하고 있었다. 그나마 허삼관의 생일날 저녁에는 아껴 두었던 설탕을 쳐서 평소보다 진하게 만든 옥수수 죽을 한 그릇 더 끓인다. 그러나 죽 그릇 바닥까지 혀로 싹싹 핥아 먹은 세 아들놈이 빈 그릇을 내미는 바람에 남은 죽도 모두 아이들 차지가 되고 만다. 아이들이 바닥에 머리를 쿵쿵 박는 소리가 나도록 세 번씩 절을 하는 것으로 생일 선물을 대신한 다음 잠자리에 눕자, 허삼관은 가족들에

게 말로 요리 한 접시씩 만들어서 먹인다. 아이들에게는 훙사오러우(기름에 튀긴 돼지고기에 간장, 설탕, 오향 등을 넣고 푹 고아 만든 요리)를, 아내에게는 붕어찜을, 그리고 자신을 위해서는 돼지간볶음 요리를 만드는 이야기를 들려주는 것이다.

> "돼지 간을 먼저 작게, 아주 작게 썰어서 사발에 담근 다음, 소금을 뿌리고 얼레짓가루를 입히는 거야. 얼레짓가루가 돼지 간을 신선하게 유지해 주거든. 그다음에 황주 반 잔을 뿌리는데, 황주는 돼지 간 냄새를 없애 주지. 그다음에는 파를 잘게 썰어 얹고서 솥의 기름이 충분히 데워져 김이 날 때까지 기다렸다가 돼지 간을 기름에 넣고 한 번, 두 번, 세 번 뒤집어서 (……)"

온 가족은 귀를 쫑긋 세우고 이야기를 들으며 침을 꼴딱꼴딱 넘긴다.

이렇게 굶으면서야 어찌 살 수 있겠는가. 57일 동안 옥수수 죽만 먹고 나자 허삼관은 식구들에게 밥 한 끼 사 먹이기 위해 다시 병원에 찾아가 피를 두 사발 팔고 나온다. 그런데 피 판 돈으로 남의 자식까지 먹일 수는 없다면서 일락이에게는 푼돈을 쥐어 주고 나가서 군고구마를 사 먹게 하고 남은 식구들만 승리반점에 데리고 가서 국수를 사 먹인다. 다음 날 서러움이 복받친 일락이는 집을 나가서 하루 종일 울며 돌아다니다 저녁때가 돼서야 돌아와 집 앞에 쭈그리고 앉는다. 너 같은 자식은 필요 없다는 말에 일락이가 다시 울면서 비청비청 떠나려고 하자 허삼관은 일락이를 등에 업고 쉴 새 없이 욕을 퍼부으며 어디론가 걸어간다. 한참 업혀 가던 일락이가 조심스럽게 물어본다.

"아버지, 우리 지금 국수 먹으러 가는 거예요?"

허삼관이 문득 욕을 멈추고 온화한 목소리로 대답한다.

"그래."

이렇게 해서 아버지와 아들은 화해한다.

대약진 운동이 실패한 후 본격적으로 문화 대혁명의 집단 광기가 세상을 혼란에 빠뜨리는 때가 왔다. 마오쩌둥은 대약진 운동 실패로 야기된 경제 침체를 극복하는 과정에서 중국 동료 지도자들의 혁명 열정이 감소하고 더 나아가서 소련과 같은 잘못된 혁명의 길을 다시 추구하는 것은 아닌지, 또 자신의 위치가 흔들리는 것은 아닌지 불안해했다. 그는 우선 도시 청년들을 대거 동원해서 조직한 홍위병을 앞세워 사회 전반에 걸쳐 정치 투쟁을 벌였다. 모든 전통 가치와 '부르주아적인 것들'이 공격 대상이었다. 이때 수많은 노인들과 지식인들이 린치를 당하고 죽음으로 내몰렸다. 정치 투쟁도 격화되어 마오쩌둥의 공식적인 후계자였던 국가 주석 류샤오치와 당 총서기 덩샤오핑 등 중요한 정치국 지도자들이 권좌에서 제거되었다. 홍위병 내부에서도 내분이 발생해 파벌이 형성되었는데, 각 파벌은 자신들이 마오쩌둥의 진정한 계승자라고 주장했으며, 마

홍위병들. 마오쩌둥은 도시 청년들을 대거 동원하여 사회 전반에서 정치 투쟁을 벌인다.

오쩌둥에 대한 개인숭배가 극에 달해 거의 종교적인 경지에까지 이르렀다.

이러한 운동으로 초래된 무정부 상태와 테러, 사회적인 마비 현상은 경제를 무너뜨려 1968년의 산업 생산량은 1966년에 비해 12퍼센트나 감소했다. 이해 마오쩌둥은 사태를 가라앉히고 통제력을 강화하기 위해 중국 공산당의 조직을 재정비하기로 결정했다. 군 장병들이 파견되어 학교, 공장, 정부 기관 등을 접수했다. 그와 함께 군대는 수백만 명에 이르는 도시 홍위병을 깊숙한 산골로 쫓아 보내 그들의 힘을 분산시키고 도시에 어느 정도의 질서를 회복했다. 이제 문화 혁명이 차츰 수그러들었고, 마오쩌둥의 권력을 누가 계승하느냐 하는 문제가 핵심이 되었다. 1969년 4월에 개최된 중국 공산당 제9회 전국대표회의에서 국방 장관 린뱌오가 공식적으로 마오쩌둥의 후계자로 지명되었고, 사회 전반에 걸친 군부의 지배력이 강화되었다.

1966년 베이징의 집회에서 연설하는 린뱌오. 단상에 마오쩌둥(왼쪽에서 세 번째)도 함께 있다. 린뱌오는 마오쩌둥의 후계자로 떠올랐다가 숙청되었다.

이 상황에서 린뱌오가 너무 앞서 나간 것이 틀림없다. 그는 1969년 봄에 발생한 중·소 국경 분쟁을 이용해서 계엄령을 선포하고, 자신의 경쟁자들을 제거해 나갔다. 또다시 많은 사람들이 이 기간에 심한 박해를 받다가 죽었다. 린뱌오는 곧 반대에 부딪혔다. 마오쩌둥은 너무 성급하게 권력을 장악하려는 린뱌오를 제거할 책략을 쓰기 시작했다. 1971년 9월 린뱌오가 죽으면서 사태는 절정에 달했다. 중국 정부는 마오쩌둥을 암살하려다 실패한 린뱌오가 소련으로 탈출하다가 비행기 추락 사고로 사망했다고 주장했다. 그를 따르던 인사들은 오래 지나지 않아 모두 숙청당했다.

이 사태는 모든 사람들에게 환멸감을 안겨 주기에 충분했다. 그 많은 사람들을 고문하고 원로 혁명가들을 죽음으로 내몰고 친구들과 정치 투쟁을 벌이고 했던 모든 일들이 기껏 추악한 개인의 권력욕에서 비롯되었단 말인가! 10년 동안 중국 전체를 열병에 들뜨게 했던 문화 혁명은 그저 파렴치한 권력 투쟁에 불과했고 대다수 중국인들은 그런 정치 놀음에 교묘히 이용되었단 말인가!

허삼관과 허옥란 일가의 이야기는 이런 난세를 힘겹게 살아간 힘없는 소시민들의 삶을 보여 준다. 사방에 대자보가 붙고 아무 잘못 없는 사람들이 끌려가서 고초를 당하던 그때, 첫째 아들이 친아들이 맞네 아니네 하며 동네방네 싸우던 일이 많았던지라, 어느 날 아내 허옥란이 15살 때부터 하룻밤에 2원짜리 기생이었다는 얼토당토않은 대자보가 붙고, 결국 붉은 완장 찬 사람들에게 끌려간다. 대자보 내용이 맞고 틀리고가 문제가 아니었다. 만인비판투쟁대회가 열리는데 지주, 부농, 우파 분자, 반혁명 분자, 자본주의 노선의 당권파 같은 죄인은 다 갖추었지만 마침 기생 하나가 필요했던 것

문화 대혁명 기간에 벌어진 만인비판투쟁대회. 하얼빈. 1966년.

이다. 허옥란은 주요 비판 대상에서는 제외되었고 그저 들러리를 서는 정도였지만, 머리 한쪽을 박박 밀리고 날마다 거리에 나가 의자 위에 서 있어야 했다. 험악하기 그지없는 시대가 찾아온 것이다.

> 그 후에 모(마오쩌둥) 주석께서 매일 뭔가를 말씀하셨는데, "말과 글로 투쟁해야지 무기를 들고 투쟁해서는 안 된다."고 말씀하신 뒤로 사람들은 손에서 칼과 곤봉을 내려놓았다. 모 주석께서 "혁명을 견지하며 생산을 촉진하자."고 말씀하시자 허삼관은 다시 공장에 출근했고 허옥란은 매일 새벽 꽈배기를 튀기러 갔다. 세월이 좀 흐른 뒤 모 주석께서 천안문 성루에 모습을 보이셨는데, 오른손을 들어 서쪽을 향해 흔들며 수천수만의 학생에게 "지식 청년들은 농촌으로 가서 빈농과 하층 중농에게 재교육을 받아야 한다."고 말해서 일락이는 요와 이불을 말아 등에 지고, 손에는 보온병과 세숫대야를 들고 붉은 깃발이 이끄는 대열을 따라나섰다.

이제 소설의 분위기는 눈에 띄게 어두워진다. 일락이가 간염에 걸려 상하이의 큰 병원에 입원하게 되자, 허삼관은 치료비와 교통비를 마련하느라 계속 피를 팔아 가며 상하이까지 찾아가는 애끓는 매혈(賣血)의 여로를 이어 간다. 원래 피를 한 번 팔면 석 달을 쉬어야 하지만, 이틀이 멀다 하고 피를 팔던 허삼관은 드디어 어느 시골 마을에서 쓰러져서 할 수 없이 수혈을 당해야 했고(!) 이전에 두 번 피 판 돈을 날리기까지 한다. 피를 파는 것은 처음에 힘을 빼서 팔고 다음에는 몸의 온기를 파는 것이며 그다음에는 아예 생명을 꺼내 파는 것! 자기 온몸의 기운을 끄집어내서 가족을 살려내는 가장의 이야기가 눈물겹다.

위화는 한 인터뷰에서 자기 이야기가 극단적으로 보일지 모르지만 사실은 중국에서 날마다 일어나는 일이었다고 말한 적이 있다. 저자는 자기 생애 전반 20년은 사람들이 가난과 압제 속에서 살았던 때이고, 후반 20년은 자유롭게 돈벌이하느라 시간을 전부 보낸 때였는데, 그 두 시기는 너무나도 달

『허삼관 매혈기』의 작가 위화.

라서 유럽으로 치면 중세와 근대 같다는 것이다. 그래서 이 모든 것을 지켜본 자신은 벌써 100살 정도 먹은 것 같다는 재미있는 이야기를 했다.

그런데 이런 이야기들이 어째 그리 낯설지 않다는 느낌을 받는다. 정도의 차이는 있지만 우리도 비슷한 경험을 했기 때문이리라. 1970년대만 해도 사람들이 삶에 쪼들리다 보면 매혈소에 가 피를 팔아 생계를 연명하곤 했다. 대학생들이 여름에 놀러 갔다가 돈 떨어지면 피 팔아 그 돈으로 고기 사 먹던 때도 있었다. 우리 역시 허삼관이 살아온 그 시대만큼이나 애달프고도 기괴한 시대에서 벗어난 지 얼마 안 되는 까닭에 이 소설을 읽을 때 그토록 애틋한 마음이 드는지도 모르겠다.

출전

이솝, 신현철 역, 『이솝우화전집』(문학세계사, 1998)
소포클레스 외, 조우현 외 역, 『그리스 비극』(현암사, 2006)
죠제프 베디에, 이형식 역, 『트리스탄과 이즈』(지만지, 2008)
단테, 박상진 역, 『신곡 : 연옥편』(민음사, 2007)
보카치오, 한형곤 역, 『데카메론』(동서문화사, 2007)
리처드 버턴, 김하경 역, 『아라비안나이트』(시대의창, 2006)
다케다 이즈모, 최관 역, 『주신구라』(민음사, 2001)
그림 형제, 김열규 역, 『그림형제동화전집』(현대지성사, 1998)
푸시킨, 석영중 역, 『대위의 딸』(열린책들, 2001)
스탈 부인, 권유현 역, 『코린나』(문학과지성사, 2002)
로버트 스티븐슨, 권정관 역, 『보물섬』(새움, 2003)
쥘 베른, 김석희 역, 『해저2만리』(열림원, 2002)
헨리 데이비드 소로, 강승영 역, 『시민의 불복종』(이레, 2005)
─── , 『월든』(이레, 2005)
알퐁스 도데, 김승욱 역, 『알퐁스 도데 대표소설 선집』(해누리기획, 2007)
─── , 김정옥 역, 『월요이야기』(삼성문화재단, 1972)
에드거 라이스 버로스, 안재진 역, 『타잔』(다우, 2002)
브램 스토커, 이세욱 역, 『드라큘라』(열린책들, 1992)
허버트 웰스, 심재관 역, 『타임머신』(엔북, 2007)
존 스타인벡, 맹후빈 역, 『분노의 포도』(홍신문화사, 1993)
브레히트, 김광규 역, 『살아남은 자의 슬픔』(한마당, 1985)
프리모 레비, 이현경 역, 『이것이 인간인가』(돌베개, 2007)
아트 슈피겔만, 권희섭·권희종 역, 『쥐』(아름드리미디어, 1999)
윌리엄 골딩, 유종호 역, 『파리대왕』(민음사, 1999)
위화, 최용만 역, 『허삼관 매혈기』(푸른숲, 1999)